rororo sprachen
Herausgegeben von
Ludwig Moos

Aufbrechen nach Italien. Mit Grundkenntnissen der Sprache, wie sie im Alltag gesprochen wird. Denn das Gros der Sprachbücher ist allzu pedantisch, drängt uns in eine passive Rolle, bombardiert uns mit grammatikalischen Regeln. Andere, die als Begleiter gedacht sind, lassen uns im Stich, nachdem sie vordergründige Bedürfnisse perfekt formuliert haben. «Partire per l'Italia» stützt sich auf Erfahrungen aus dem Sprachunterricht, auch im Lande selbst, mit Leuten, die am Leben anderswo interessiert sind. An diesen Anfängerkurs schließt der Band «Finalmente in Italia» (rororo sprachen 8471) an.
Die Sprachschule «Senzaparole» unterrichtet in Hamburg und veranstaltet Ferienkurse in Mittelitalien. Um den Umgang mit der Fremdsprache möglichst spielerisch und lebendig zu gestalten, setzt sie im Unterricht unterschiedliche Textmaterialien und Rollenspiele ein und bietet bei den Kursen in Italien Einstiegshilfen in Politik, Kultur und Alltag.

Als tönenden Begleiter zu diesem Buch gibt es unter dem gleichen Titel eine neunzigminütige Kassette mit gesprochenen Texten, Dialogen und viel Musik (rororo sprachen 8796).

ITALIANO

Senzaparole

Partire per l'Italia

Italienischkurs für Anfänger

Zeichnungen Lucio Pepi

rororo

Rowohlt

13.–16. Tausend September 1992

Originalausgabe
Veröffentlicht im Rowohlt Taschenbuch Verlag GmbH,
Reinbek bei Hamburg, Juni 1990

Umschlagtypographie Peter Wippermann
(Umschlagbild Gerd Huss)
Satz Times (Linotronic 500)
Gesamtherstellung Clausen & Bosse, Leck
1690-ISBN 3 499 18795 7

INDICE

Secondo capitolo

Terzo capitolo

Letture Senzaparole

Anhang

Gebrauchsanweisung

Leicht und mühelos den Einstieg in die italienische Sprache finden – wer wollte das nicht! Auch Sie möchten gerne ein paar Worte mehr mit der Gemüsefrau reden, die Sie immer so nett bedient hat, oder auch mit der selbstbewußten Frau aus der Bar Moderno, die Ihnen so viele Fragen stellte, auf die Sie immer nur «cappuccino» zu antworten wußten. Auch hätten Sie nur zu gerne gewußt, was auf dem Schild am geschlossenen Museum stand. Die Liste der Gründe, warum Sie Italienisch sprechen möchten, ließe sich endlos fortsetzen. Also haben Sie es angepackt, ein Sprachbuch gekauft und einen Kurs gebucht. Doch dann bricht die Motivationskette. Farblose Texte in den Büchern, im Kurs zu viele Teilnehmer, hauptsächlich Grammatik, ein monologisierender Lehrer, keine Kommunikation. Dabei geht es Ihnen vor allem darum, sich verständigen zu können.

Und jetzt ist Ihnen dieses Buch in die Hände gefallen. Sie blättern kurz darin und finden es hoffentlich sympathisch. Aber Wunder versprechen auch wir Ihnen nicht – Sprachen lernen bedeutet Arbeit. Was Sie von uns erwarten dürfen, ist langjährige Erfahrung in der Erprobung *anderer* Lehrmethoden, mit dem Schwerpunkt auf Kommunikation. Alltagsszenen, wie Sie sie überall in Italien erleben können, werden anhand von rund 1200 italienischen Wörtern in Dialogen, Gesprächen und Erzählungen verbalisiert und in Zeichnungen visualisiert. Das Ganze ist in neun Kapitel untergliedert. Alle Kapitel sind wie folgt strukturiert:

Leggere e capire: Texte, die Sie mehrmals lesen sollten, um ihren Sinn zu erfassen. Ihr Textverständnis überprüfen Sie, indem Sie die Fragen zum Text beantworten.

Leggere e parlare: Dieser Text führt immer neue Vokabeln und grammatikalische Strukturen ein und dient dazu, den Lernenden zum Sprechen zu animieren.

Ascoltare e capire: Hören Sie dazu die entsprechende Aufnahme der zum Buch gehörenden Sprachkassette (rororo sprachen 8796), und versuchen Sie, die Übungsaufgaben zu lösen. Die Kassette gibt außerdem alle mit [Kassettensymbol] gekennzeichneten Texte wieder. Auch unsere Sprachkassette ist etwas anders als die anderen. Die Musik wurde exklusiv dafür geschrieben und orientiert sich in ihrem Rhythmus und der dramaturgischen Abfolge an den Buchtexten. Autor der Musik ist Paolo del Prete, einer der profiliertesten Musiker Italiens.

Grammatica: Grammatikalische Zusatzerläuterungen finden Sie – auf ein Minimum beschränkt – in übersichtlichen Kurzfassungen.

Puzzle: Ein Angebot an Wörtern und Redewendungen, zu dem Sie – zur Demonstration Ihres korrekten Sprachverständnisses – die richtigen Zusammenhänge finden sollen.

Gioco-test: Testspiele, die klären helfen, was Sie noch falsch machen und was Sie noch etwas üben sollten, bevor Sie zum nächsten Kapitel übergehen.

Vocabolario: Alle Vokabeln werden am Ende jedes Kapitels in alphabetischer Reihenfolge zusammengefaßt und übersetzt.

Im **Anhang** des Buches finden Sie alle Lösungen zu den gestellten Fragen sowie grammatikalische Gesamtübersichten und das Gesamtverzeichnis der Vokabeln. Da der erlernte Wortschatz schrittweise mit den Kapiteln anwächst und am Ende der einzelnen Kapitel die Vokabeln nur im Kontext erläutert werden, empfehlen wir, bei Unsicherheiten das Gesamtverzeichnis zu nutzen.

Letture: Nach den neun Lernkapiteln finden Sie einige kurze Erzählungen in italienischer Sprache. Die sollten Sie jetzt alle verstehen können, denn sie wurden ausschließlich unter Verwendung der vorher im Buch eingeführten Vokabeln und der erlernten Zeiten (Präsens und Passato prossimo) geschrieben. Betrachten Sie diese Erzählungen als letzten unterhaltsamen Test für Ihre neu erworbenen Kenntnisse.

Genug der Worte. Sie können jetzt bedenkenlos **Partire per l'Italia**. Eine angenehme und unterhaltsame «Reise» wünschen Ihnen

Mario Parisi und Liborio Pepi
Hamburg, April 1990

Primo capitolo

Ciao! Wir beginnen unsere Reise nach Italien mit Vorstellungsgesprächen. Auf den Seiten 12 und 13 finden Sie das Verb essere (sein), das sogar für Romeo und Julia ausreicht, um sich vorzustellen. Come ti chiami? (Wie heißt du?) fragen wir auf Seite 14, und damit keine Mißverständnisse entstehen, verwenden Sara und Ciccio auf der nächsten Seite die Negativform.
Di dove sei? (Woher bist du?) Diese Frage und die Verwendung der Präposition di lernen Sie auf Seite 16 kennen. Mit Hilfe der Liste auf Seite 17 können Sie dann weiter üben. Auf Seite 18 erfahren Sie nicht nur die richtige Verwendung der Präpositionen a, da, in, sondern auch, wo sich Maria und Marco befinden und bei wem. Mit dem Test auf Seite 19 können Sie die Präpositionen weiter üben.
Manche kommen, manche gehen – wie man das Woher, Wohin und Womit ausdrückt, sehen Sie auf den Seiten 20 bis 22. Auf Seite 26 folgt eine Übersicht über die Preposizioni di luogo (Ortspräpositionen).
Um Arbeit geht es auf den Seiten 23 und 24. Auf Seite 25 lernen wir Spiff kennen und erfahren Näheres über Maria. Mit dem Wie-oft und Wann, den Avverbi di tempo (Zeitadverbien), befaßt sich die Seite 27. Auf Seite 28 erwarten Sie das Alphabet und die Aussprache, denn ohne richtige Aussprache läuft keine Kommunikation. Sehr gut läuft sie bei Marisa und Giorgio, die sich im Zug kennenlernen (Seite 29 und 30).
Auf Seite 31 wird der Articolo indeterminativo (unbestimmter Artikel) vorgestellt. Wie Sie die Mehrzahl von Substantiven bilden, erfahren Sie auf Seite 32, der Test folgt gleich danach.
Damit Sie auf italienischen Bahnhöfen nicht nur «Bahnhof» verstehen, finden Sie auf den Seiten 34 und 35 eine detaillierte Zeichnung. Alles, was Sie bisher gelernt haben und noch einiges dazu, können Sie in den Puzzles und Tests auf den Seiten 36 bis 39 üben. Auf Seite 40 begegnet uns der reisefreudige Spiff erneut, zusammen mit Marisa. Wie am Ende jedes Kapitels sind ab Seite 41 alle neuen Vokabeln zusammengefaßt.

CHI SEI?

Wer bist du?

Chi sei tu? ....

Chi è lui? Chi è lei?

Lui è .... Lei è ....

ESSERE
Sein

Loro sono ....   No, ...

essere (sein)		andere Formen:
io (ich) sono	noi (wir) siamo	lui: egli/esso
tu (du) sei	voi (ihr) siete	lei: ella/essa
lui (er) è	loro (sie) sono	loro: essi/esse
lei (sie) è		

COME TI CHIAMI?

Wie heißt du?

Come ti chiami tu?	Io ....
Come si chiama lui?	Lui ....
Come si chiama lei?	Lei ....

CHIAMARSI

Sich nennen, heißen

E voi come vi chiamate? Noi ....
E loro come si chiamano? Loro ....
Si chiamano Luisa e Renzo? No, ...

chiamarsi (sich nennen, heißen)			**negazione** (Verneinung)
io	**mi**	chiam**o**	Ciao, sei Lucia?
tu	**ti**	chiam**i**	**No, non sono** Lucia. Sono
lui	**si**	chiam**a**	Maria.
lei	**si**	chiam**a**	Ciao, ti chiami Luca?
noi	**ci**	chiam**iamo**	**No, non mi chiamo** Luca,
voi	**vi**	chiam**ate**	mi chiamo Armando.
loro	**si**	chiam**ano**	

SEI ITALIANO?

Bist du Italiener?

Die Frage: «Di dove sei?» (Woher bist du?) meint: «Wo bist du geboren?»
Im Italienischen ist die Verwendung des Personalpronomens nicht notwendig.
Beispiel: **Io** sono di Torino oder Sono di Torino.

SEI DI ROMA?

Bist du aus Rom?

Unterhalten Sie sich, wie Spiff und Arianna, mit Hilfe der folgenden Liste:

città	**nazionalità**	**città**	**nazionalità**
Madrid	spagnolo/a	Zagabria	iugoslavo/a
Lisbona	portoghese	Berna	svizzero/a
Copenhagen	danese	Bruxelles	belga
Dublino	irlandese	Parigi	francese
Vienna	austriaco/a	Atene	greco/a
Roma	italiano/a	Amburgo	tedesco/a
Ankara	turco/a	Londra	inglese
Mosca	russo/a	Pechino	cinese

DOVE SEI?

Wo bist du?

Loro si chiamano Marco e Maria.
Marco è italiano, lui è di Palermo.
Anche Maria è italiana; lei è di Genova.
Marco è a Roma, in Italia da Romolo.
Maria è a Parigi, in Francia da Pierrot.

A, DA, IN

In/bei

Welche Präposition paßt: a, da, in?

Roma è ..... Italia.
Spiff e Arianna sono ..... Parigi.
Mosca è ..... Russia.
Marcello è ..... Lucia.
Luca e Lucia sono ..... Diana.
Carla è ..... Livorno.

Marco è ..... Roma. / ..... Italia. / ..... Giulia.

Firenze è ..... Italia. / ..... Toscana. / ..... Europa.

Sergio e Carlo sono ..... Maria. / ..... Sicilia. / ..... Palermo.

Rita è ..... Marco. / ..... Napoli. / ..... Italia.

Francesca? Italia? Sicilia? Luigi? Roma? Sergio?

Marco è a .....
Carlo è da .....
Pino e Sandra sono da .....
Maria è in .....
Piero e Carlo sono in .....
Marisa è da .....

Welches Wort paßt nicht zur Gruppe und warum nicht?

New York da Tripoli a Londra siamo

....

siete Marco e Luigi da Elena a

....

in Italia Francia da Africa sei

....

Africa in America Europa a Asia siete

....

DA DOVE VIENI?

Woher kommst du?

Da dove viene Michele?

Michele viene **da Amburgo.**

Die Präposition **da** drückt hier aus, von wo eine Bewegung begonnen hat.

venire (kommen)

io vengo
tu vieni
lui/lei viene
noi veniamo
voi venite
loro vengono

DOVE VAI?

Wohin gehst du?

Dove vai?
a Torino **in** Piemonte **da** papà.
Io vado ↑
Die Präpositionen **a, in, da** drücken hier das Ziel einer Bewegung aus: **a** (Städte), **in** (Länder, Regionen, Inseln), **da** (Personen).

andare (gehen)

io vado
tu vai
lui/lei va
noi andiamo
voi andate
loro vanno

CHE LAVORO FAI?

Was arbeitest du?

E tu che lavoro fai?

Io **sono** ⟶ impiegato.
Io **lavoro** come ⟶ impiegato.
Io **faccio** ⟶ l'impiegato.

lavorare (arbeiten)	**fare** (machen, tun)
lavoro	faccio
lavori	fai
lavora	fa
lavoriamo	facciamo
lavorate	fate
lavorano	fanno

CHI LAVORA DOVE?

Wer arbeitet wo?

1. In un ufficio lavora ...un impiegato...
2. A casa lavora ...la casalinga...
3. In un negozio lavora ...il commesso...
4. In un bar lavora ...il barista...
5. In un ambulatorio lavora ...il medico...

1. Il commesso lavora in un ...negozio...
2. Il medico lavora in un ...ambulatorio...
3. Il barista lavora in un ...bar...
4. La casalinga lavora in una ...casa...
5. Il cameriere lavora in un ...bar, ristorante...

LUI LEI E TU

Er, sie und du

Lui è Spiff.
Spiff è tedesco.
È di Francoforte, ma (aber) abita (wohnt) ad Amburgo.
Lui non lavora: è disoccupato (arbeitslos).
Adesso è a Palermo, in Sicilia.
La settimana prossima (nächste Woche) va a Napoli, da Arianna.

Lei è Maria.
Maria è italiana.
È di Genova, ma abita a Roma.
Lei lavora: è medico.
Adesso anche lei è a Palermo, in Sicilia.
La settimana prossima va a Torino, da Enzo.

E tu chi sei? Io sono Gundula
Di dove sei? Sono di [illegible], ma habito a Bayreuth
Da dove vieni? Vengo da [illegible]
Che lavoro fai? Io faccio il barista
Dove abiti? Abito in Germania, a Osnabrück
Con chi abiti? Abito con Herr Willmann
Dove vai? Ando a Bayreuth da [illegible]
la settimana prossima

PREPOSIZIONI DI LUOGO

Ortspräpositionen

A

Essere città

Dove sei?
Sono **a** Roma.

Andare città

Dove vai?
Vado **a** Roma.

IN

Essere Regioni

Dove sei?
Sono **in** Italia.

Andare Regioni

Dove vai?
Vado **in** Italia.

DA

Essere persone

Dove sei?
Sono **da** Marco.

Andare persone
Venire persone

Dove vai?
Vado **da** Marco.
Vado **dal** dottore.

Da dove vieni?
Vengo **da** Mario.
Vengo **dal** dottore.

DI

Essere città

Di dove sei?
Sono **di** Palermo.
Sono italiano.

Die Präpositionen sind kleine, aber wichtige Wörter. Sie dienen dazu, in einem Satz zeitliche oder örtliche Beziehungen herzustellen, Zweck, Ursache oder Beschaffenheit anzugeben.

COME VAI?

Wie gehst du? Wie fährst du?

AVVERBI DI TEMPO
Zeitadverbien

sempre	immer	non	mai	nie
quasi sempre	fast immer	non	quasi mai	fast nie
spesso	oft			
normalmente	normalerweise			
raramente	selten			
qualche volta	manchmal			

Arianna studia lingue straniere ma **qualche volta** lavora come baby-sitter. Va **spesso** in Germania, in Francia ed in Inghilterra. Viaggia **quasi sempre** in treno e solo **raramente** va in aereo.

Arianna **non** va **mai** in macchina.

Io **non** lavoro **quasi mai** la domenica.

Quando fa caldo/freddo?

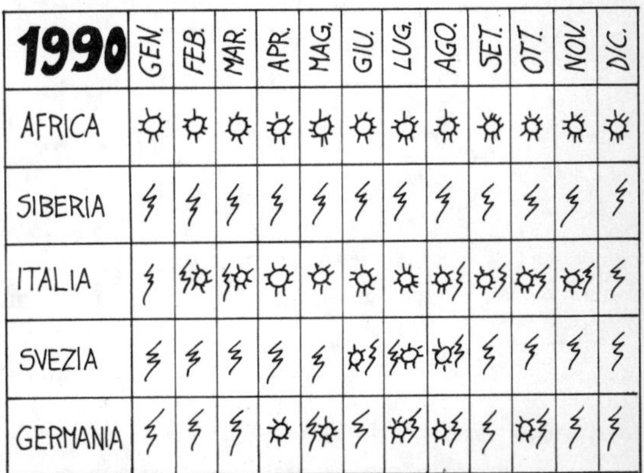

In Africa fa .... caldo.
In Siberia .... fa freddo.
In Siberia ..... fa ..... caldo.
In Italia .... fa caldo.

In Italia .... fa freddo.
In Svezia .... fa freddo.
In Germania .... fa caldo.
In Africa ..... fa ..... freddo.

L'ALFABETO E LA PRONUNCIA

Das Alphabet und die Aussprache

Le lettere dell'alfabeto sono:

A B C D E F G H I L M N O P Q R S T U V Z
(j, k, w, x, y kommen nur in Fremdwörtern vor)

Come si pronuncia (wie es ausgesprochen wird):

A a	E e	I i	O o	U u	Z dzeta
H akka	F effe	B bi		Q ku	
	L elle	C tsci		V vu	
	M emme	D di			
	N enne	G dj			
	R erre	P pi			
	S esse	T ti			

C und G können sowohl weich (dolce) als auch hart (duro) ausgesprochen werden.

«tsch»	SUONO DOLCE		«dsch»
ci, ce:	cinema, cena	**gi, ge:**	Ginevra, Germania
cia, cio, ciu:	ciao, arancio, ciucca	**gia, gio, giu:**	Gianni, Belgio, giusto
«k»	**SUONO DURO**		**«g»**
chi, che:	chirurgo, che	**ghi, ghe:**	ghiaccio, ghetto
ca, co, cu:	casa, cosa, scusa	**ga, go, gu:**	gatto, Gorizia, guidare

Altri suoni particolari (weitere spezielle Laute):
h: «-» wird am Wortanfang nicht ausgesprochen
gn: «nj» signore, ragno
gli: «lj» fogli, scogli
sci: «sch» sciare
sce: «sch» scena

IN TRENO
Im Zug

Hören Sie sich bitte die Aufnahme an, und kreuzen Sie die Wörter an, die Sie verstehen können:

- ○ sigaretta
- ○ filtro
- ○ lavoro
- ○ musicista
- ○ domani
- ○ bar
- ○ caffè
- ○ tu

Schreiben Sie andere Wörter auf, die Sie verstehen können:

-- --
-- --
-- --
-- --

IN TRENO

Im Zug

Marisa: Scusa, è libero questo posto?
Giorgio: Sì è libero.
Marisa: Hai una sigaretta?
Giorgio: Sì, ho sigarette, ma senza filtro.
Marisa: Va bene, grazie. Hai anche d'accendere?
Giorgio: Sì, ecco qua.
Marisa: Grazie. Vieni anche tu da Pisa?
Giorgio: Sì, vengo da Pisa, ma sono di Viareggio. E tu di dove sei?
Marisa: Io sono di Pisa, ma vengo tutti i giorni a Viareggio perché io lavoro qui.
Giorgio: Sì?! Dove lavori?
Marisa: Io lavoro al bar Centrale, in Piazza Grande. Lavori anche tu?
Giorgio: Sì, io sono musicista e lavoro a Pisa, ma la mia famiglia abita qui, a Viareggio.
Marisa: Ecco la stazione! Ma... tu come ti chiami?
Giorgio: Io mi chiamo Giorgio, e tu chi sei?
Marisa: Io sono Marisa.
Giorgio: Allora, Marisa, forse domani vengo al bar a prendere un caffè. Va bene?
Marisa: Va bene!
Giorgio: Allora ciao!
Marisa: Ciao!

Beantworten Sie bitte folgende Fragen:

1. Che cosa domanda Marisa?
2. Da dove viene Giorgio?
3. Di dove è Marisa?
4. Che lavoro fa Giorgio?
5. Dove va, forse, Giorgio domani?

avere (haben)	noi abbiamo
io ho	voi avete
tu hai	loro hanno
lui/lei ha	

L'ARTICOLO INDETERMINATIVO

Der unbestimmte Artikel

Maschile

uno alle Wörter, die mit s + Kons., z, gn, ps, x anfangen
uno studente, uno zingaro, uno psicologo

un alle anderen Wörter
un fiammifero, un amico, un caffè

Femminile

un' alle Wörter, die mit einem Vokal anfangen
un'amica, un'impiegata

una alle anderen Wörter
una donna, una sigaretta, una chiave

Der unbestimmte Artikel hat keine Mehrzahlformen. Verwendet werden hierzu die Partitivformen:

di + Artikel: del, dei, dello, degli, della, delle (von...) oder **qualche** (manche) und **alcuni, alcune** (einige).

Fügen Sie bitte den Artikel ein:

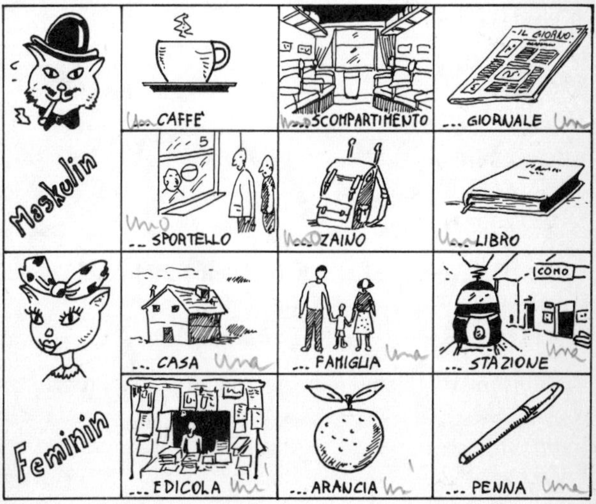

I SOSTANTIVI

Die Substantive

Maskulin

Substantive mit der Endung **o** sind in der Regel maskulin: uomo, libro

Ausnahmen:

1. la mano (die Hand), la radio
2. Substantive, die mit Konsonant enden: lo sport, il bar, il gas, il tram, il film
3. Substantive griechischer Abstammung, die mit **ma** enden: il poema, il teorema, il problema, il diploma

Feminin

Substantive mit der Endung **a** sind in der Regel feminin: donna, casa

Substantive mit der Endung **i**: la crisi, l'analisi, la tesi, la diagnosi

Substantive mit der Endung **tà** und **tù**: la bontà, civiltà, verità, austerità, virtù, gioventù, servitù

Wörter mit der Endung **e** können sowohl **maskulin** als auch **feminin** sein.

Einzahl	**Mehrzahl**
Feminin: **a** →	**e**
Maskulin: **o** Maskulin/feminin: **o** Maskulin/feminin: **e** →	**i**

Substantive mit Akzent haben keine Mehrzahlformen:

un caffè → due caffè
una città → due città

Substantive, die mit Konsonant enden, haben keine Mehrzahlformen:

un film → due film
un bar → due bar

I SOSTANTIVI

Die Substantive

Bilden Sie die Mehrzahlformen:

Maskulin

un giorno: due (2) giorn . . .
uno sportello: quattro (4) sportell. . .
un libro: sei (6) libr . . .
un biglietto: otto (8) bigliett . . .
un posto: dieci (10) post . . .
uno studente: tre (3) student . . .
un binario: cinque (5) binar . . .
un uomo: sette (7) uomin . . .
uno zaino: nove (9) zain . . .

Feminin

una macchina: due macchin . . .
una donna: quattro donn . . .
una persona: molte person . . .
un'edicola: tre edicol . . .
una stazione: due stazion . . .
una biglietteria: tre biglietteri . . .
una penna: sette penn . . .
una partenza: due partenz . . .

Welches ist die richtige Form?

Il plurale di una casa è
case ☒
casi ☐
caso ☐

il plurale di uno studente è
studenti ☒
studento ☐
studente ☐

il plurale di una chiave è
chiava ☐
chiavo ☐
chiavi ☒

34 Puzzle

LA STAZIONE

Der Bahnhof

Che cosa è? (Was ist das?)
È una stazione.

Ordnen Sie bitte die Vokabeln zu:

1 - UN TRENO
2 - UNO SCOMPARTIMENTO
3 - UN POSTO
4 - UN BIGLIETTO
5 - UN IMPIEGATO
6 - UN POLIZIOTTO
7 - UNO SPORTELLO
8 - UN UFFICIO INFORMAZIONI
9 - UNA BIGLIETTERIA
10 - UN GABINETTO
11 - UN BINARIO
12 - UNA SALA D'ATTESA
13 - UN BAR
14 - UN' EDICOLA
15 - UN ORARIO
16 - PARTENZA
17 - ARRIVO
18 - UN CONTROLLORE
19 - UN VIAGGIATORE
20 - UNA CARROZZA
20 - UN VAGONE

16
17
15
TRENI IN PARTENZA
ORE
CITTA'
BIN.
TRENI IN ARRIVO
ORE
CITTA'
BIN.
ORA
DESTINAZIONI
12 ROMA
13 COMO
15 PARIGI
15,30 BOLOGNA
15,45 VENEZIA
16 R. CALABR
16,08 VIENNA
17 AOSTA
18 TORINO
18,13 BASILEA
12
9
BIGLIETTI
APERTO
STAMPA
7
6
4
5

PAROLE E FORME

Wörter und Formen

Orizzontali

1 Il singolare di binari.
2 Un uomo in treno.
3 Donne e . . .
4 Lavora in ufficio.
5 Singolare di sportelli.
6 Il lavoro di Marisa.

Verticali

1 Adamo è un uomo, Eva è una . . .
2 . . . Giorgio va a prendere un caffé.
3 Plurale di libro.
4 Singolare di biglietti.
5 Una sigaretta con . . .
6 La nazionalità di Giorgio.
7 In un bar, prendo un . . .

CHI?

Wer?

chi?	wer?	**quanto?**	wieviel?	**dove?**	wo?
che cosa?	was?	**quando?**	wann?	**perché?**	warum?
come?	wie?	**quale?**	welche?		

andare, lavorare, studiare, venire, chiamarsi, prendere, fare

1. Chi va in Italia? ....
2. Chi lavora adesso? ....
3. Chi studia l'italiano? ....
4. Chi viene a Roma? ....
5. Chi si chiama Otto? ....
6. Chi fa il dottore? ....
7. Chi prende il caffè? ....

io	nessuno (niemand)	uomo
tu	qualcuno (jemand)	donna
lui/lei	qualche persona (einige Leute)	bambino
noi	alcune persone (einige Leute)	persona
voi	tutti/e	essere umano
loro		gente
		popolo
		umanità

con	(mit)	**chi**
da	(bei, zu)	
di	(von)	
per	(für)	
su	(auf, über)	
a	(an)	
tra/fra	(zwischen)	

1. Con chi vai in Italia? ....
2. Da chi abiti? ....
3. Di chi è questo (dieser) caffè?
4. Per chi studi? ....
5. Su chi studi? ....
6. A chi dai (gibst du) un biglietto? ....

PAROLE E FRASI

Wörter und Sätze

chiamarsi	un fotografo	un ufficio
essere	un medico	una casa
andare	una casalinga	un bar
venire	un impiegato	un negozio
lavorare	una segretaria	un ambulatorio
avere	un cameriere	un treno
abitare	un commesso	una bicicletta
studiare		una macchina
sempre	prossimo	buon giorno
spesso	caldo	buona sera
qualche volta	freddo	ciao
domani	libero	arrivederci
non...mai		salve

Verwenden Sie bitte diese Wörter, um Sätze, kleine Dialoge oder kurze Geschichten zu schreiben oder zu erzählen:

....

....

....

....

....

....

....

....

....

....

VOCABOLI ED ESPRESSIONI

Vokabeln und Ausdrücke

Welches Wort gehört nicht zur Gruppe und warum nicht?

posto avere sigaretta piazza famiglia
venire essere lavorare abitare aereo
treno bicicletta macchina posto nave
qualche volta spesso sempre andare raramente mai

Wählen Sie das passende Verb, und setzen Sie es ein:

andare	In un bar io prendo un caffè.
avere	Qualche volta io vado in Francia.
essere	Io faccio il fotografo.
fare	Spesso ando in macchina.
lavorare	Spiff ha una bicicletta.
prendere	Giorgio lavora come musicista.
venire	Loro vengono da Bolsena.

Rekonstruieren Sie bitte die folgenden Sätze:

1. abita musicista e lavoro ma la mia io sono di Pisa come famiglia qui
2. a prendere andiamo qualche volta al bar un caffè

SPIFF

Erste Folge

PAROLE DEL PRIMO CAPITOLO
Vokabeln

A

a in (18)
abitare wohnen (24)
adesso jetzt (25)
un aereo Flugzeug (26)
alcuni/e einige (31)
allora also (30)
un ambulatorio Arztpraxis (23)
un amico Freund (31)
un'analisi Analyse (32)
anche auch (18)
andare gehen (21)
un'arancia Apfelsine (31)
un arancio Orangenbaum (28)
arrivederci auf Wiedersehen (38)
un arrivo Ankunft (35)
un'austerità Strenge (32)
un austriaco Österreicher, österreichisch (17)
avere haben (30)

B

un bambino Kind (37)
un bar Bar (23)
un barista Barkeeper (22)
un belga Belgier, belgisch (17)
una bicicletta Fahrrad (26)
una biglietteria Fahrkartenschalter (33)
un biglietto Fahrkarte (33)
un binario Gleis (33)
la bontà Güte (32)
buona sera guten Abend (14)
buon giorno guten Tag (15)

C

un caffè Kaffee (29)
caldo warm (27)
un cameriere Kellner (23)
un camion Lastwagen (26)
un carretto Pferdewagen (26)
una casa Haus (28)
una casalinga Hausfrau (22)
chi wer (12)
chiamarsi heißen (15)
una chiave Schlüssel (31)
un chirurgo Chirurg (28)
ci uns (15)
ciao hallo (12)
un cinema Kino (28)
un cinese Chinese, chinesisch (17)
una città Stadt (17)
una ciucca Rausch (28)
una civiltà Zivilisation (32)
come wie (14)
un commesso Verkäufer (23)
con mit (26)
un controllore Kontrolleur (35)
una cosa Sache (28)
una crisi Krise (32)

D

da von, bei (18)
d'accendere Feuer (zum Anzünden) (30)
da dove woher (von wo) (20)
un danese Däne, dänisch (17)
dare geben (37)
di von (16)
una diagnosi Diagnose (32)
di dove woher (16)
un diploma Abschlußzeugnis (32)
un disoccupato Arbeitsloser (24)
dolce hier: weich (28)
domani morgen (29)
una donna Frau (31)
dove wo, wohin (18)
duro hart (28)

E

e und (12)
ecco qua hier, da (30)
un 'edicola Zeitungskiosk (31)
egli er (veraltete Form) (13)
ella sie (13)
essere sein (13)

F

una famiglia Familie (30)
fare machen, tun (22)
un fiammifero Streichholz (31)
un film Film (32)
un filtro Filter (29)
un foglio Blatt (28)
forse vielleicht (30)
un fotografo Fotograf (22)
francese Franzose/ösin, französisch (17)
freddo kalt (27)

G

un gabinetto Toilette (35)
un gas Gas (32)
un gatto Katze (28)
gente Leute (37)
un ghiaccio Eis (28)
un giornale Zeitung (31)
un giorno Tag (30)
una gioventù Jugend (32)
giusto richtig (28)
grazie danke (30)
il Greco Grieche (17)
guidare steuern, lenken (28)

I

il der (22)
un impiegato Angestellter (22)
in in, nach (18)
inglese Engländer/in, englisch (17)
un insegnante Lehrer/in (22)
io ich (12)
irlandese Ire/in, irisch (17)
italiano Italiener, italienisch (16)
iugoslavo Jugoslawe, jugoslawisch (17)

L

la die (23)
lavorare arbeiten (23)
un lavoro Arbeit (23)
lei sie (12)
libero frei (30)
un libro Buch (31)
lui er (12)

M

ma aber (30)
una macchina Auto (26)
la mano Hand (32)
un medico Arzt (23)
mi mich (14)
mia meine (30)
molto viel (40)
una motocicletta Motorrad (26)
musicista Musikkenner, Musiker (29)

N

una nave Schiff (26)
una nazionalità Staatsangehörigkeit (17)
una negazione Verneinung (15)
il negozio Laden (23)
nessuno keiner, niemand (37)
no nein (13)
noi wir (13)
non nicht (13)
non... mai nie (27)
normalmente normalerweise (27)

O

un orario Fahrplan (35)
un orario di arrivo Ankunftsplan (35)
un orario di partenza Abfahrtsplan (35)

P

una partenza Abfahrt (33)
una penna Füller (31)
perché warum, weil (37)
una persona Person (37)

un poema Epos, Gedicht (32)
un poliziotto Polizist (35)
un popolo Volk (37)
portoghese Portugiese/in, portugiesisch (17)
un posto Platz, Stelle (30)
prendere nehmen (30)
un problema Problem (32)
prossimo nächster (24)
uno psicologo Psychologe (31)

Q
qua hier (30)
qualche volta manchmal (27)
qualcuno jemand (37)
quale welche (37)
quando wann (27)
quanto wieviel (37)
quasi fast (27)

R
una radio Radio (32)
un ragno Spinne (28)
raramente selten (27)
una regione Gegend (25)
un ristorante Restaurant (23)
russo Russe, russisch (17)

S
una sala d'attesa Wartesaal (35)
salve hallo (38)
una scena Szene (28)
sciare Ski laufen (28)
uno scoglio Felsen (28)
uno scompartimento Zugabteil (31)
una scusa Entschuldigung, Ausrede (28)
un segretario Sekretär (22)
sempre immer (27)
senza ohne (30)
una servitù Dienerschaft (32)
una settimana Woche (24)
si sich (14)
sì ja (30)
una sigaretta Zigarette (29)
spagnolo Spanier, spanisch (17)
spesso oft (27)
uno sport Sport (32)
uno sportello Schalter (31)
una stazione Bahnhof (30)
uno studente Student (31)
studiare lernen, studieren (27)
un suono Klang (28)
svizzero Schweizer, schweizerisch (17)

T
tedesco Deutscher, deutsch (16)
un teorema Lehrsatz (32)
una tesi These (32)
un tram Straßenbahn (32)
un treno Zug (26)
tu du (12)
turco Türke, türkisch (17)
tutto alles (30)

U
un ufficio Büro (23)
un ufficio informazioni Auskunftsbüro (35)
umanità Menschheit (37)
umano menschlich (37)
un uomo Mann (32)

V
va bene es ist gut (30)
un vagone Waggon (35)
venire kommen (20)
una verità Wahrheit (32)
vi euch (15)
un viaggiatore Fahrgast, Reisender (35)
una virtù Tugend (32)
voi ihr (13)

Z
uno zaino Rucksack (31)
uno zingaro Zigeuner (31)

44 Gioco-vocaboli

VOCABOLI ED ESPRESSIONI

Vokabeln und Ausdrücke

Finden Sie das passende Gegenteil unter den Wörtern in Klammern:

1. spesso ....
2. mai ....
3. tutto ....
4. freddo ....
5. senza ....
6. giorno ....

(qualche volta, sempre, niente, caldo, con, notte)

Ergänzen Sie die Sätze mit den dazugehörigen Wörtern:

libero, cameriere, cinema, stazione, filtro, città, disoccupato

1. La domenica io non lavoro; la domenica io sono ....
2. Noi prendiamo il treno alla ....
3. Roma è una ....
4. Tu non hai un lavoro: tu sei ....
5. Lei domani va al ....
6. Una sigaretta con o senza ....
7. Lui lavora al bar ma non è un barista: lui è un ....

Machen Sie mit anderen Begriffen weiter wie in den beiden Beispielen.

Secondo capitolo

Zum Zeitunglesen reicht unser Italienisch noch nicht, aber einige Stichworte werden wir schon verstehen. Versuchen Sie es auf Seite 46. Haupttreffpunkt der Italiener ist die Bar. Hier begegnen wir Giorgio und Marisa wieder. Hören Sie ihrem Gespräch zu (Seite 47 und 48). Come stai? (Wie geht's?) Üben Sie diese ständige Redewendung der Italiener auch in der Höflichkeitsform (Seite 50). Auf den Seiten 51 bis 53 lernen wir den Articolo determinativo (bestimmter Artikel) kennen und üben, bevor wir uns erneut in die Bar begeben, um zu sehen, was es dort alles gibt (Seite 54 und 55). Nachdem Sie sich auf den Seiten 56 und 57 mit Einzahl und Mehrzahl von Adjektiven und Substantiven vertraut gemacht haben, können Sie mit Hilfe der Zeichnungen und Texte auf Seite 58 versuchen, in der Bar etwas zu bestellen.

Auf den Seiten 59 bis 62 können Sie testen, ob Sie alles behalten haben, bevor Sie Spiff wieder treffen, der sich schon ganz gut unterhält. Und nicht die neuen Vokabeln vergessen (Seite 64 bis 67).

LA STAMPA
Die Presse

da ... a:	von ... bis
di quale:	von/aus welchem/er
su/a:	auf

Lesen Sie bitte den Text und beantworten Sie, ob richtig ☐ oder falsch ○

1. Da pagina 246 a pagina 257 ci sono articoli sugli affari esteri. ☐ ○
2. Da pagina 84 a pagina 95 ci sono articoli sulla cultura. ☐ ○
3. A pagina 189 c'è un articolo sull'economia. ☐ ○
4. A pagina 172 c'è un articolo sulla pubblicità. ☐ ○

AFFARI ITALIANI

42 **La mafia e le stragi**. Il Grande Boss
44 Ci credo, non ci credo
45 Non follia ma droga, *di Domenico Sica*
47 Maledetto quel segreto
50 **Grandi manovre alla Rai-tv**. E la Vespa pungerà
50 Dopo Agnes, Milano?

CULTURA E SPETTACOLI

124 **Protagonisti storici**. Più Carlo che re
133 **La crisi di Oxford**. Carità per un povero college
138 **Come lavorano gli scrittori / Consolo.** Con la penna e il caffè

ECONOMIA

246 **Soldi / Cosa scelgono gli Italiani, cosa li aspetta.** Bot da orbi
248 Tutti a casa
249 Come investire i milioni?
253 **Borsa / Come sarà la campagna del dividendi.** Abbuffata piccola piccola
257 **Partecipazioni statali.** Tallone di Ettore

VITA MODERNA

172 **Pubblicità / La Rai apre al nudo.** Presi di petto
179 **Comodità.** Guarda e getta
180 **Grandi ristoranti/i top di Parigi.** Alla mensa degli dei
189 **Stilisti emergenti.** Kramer veste Kramer
191 **Eroi/il nuovo Bond.** 008 Missione Chase

AFFARI ESTERI

84 **Sud Africa / il giallo Mandela**. Madre pestaggio
91 **Stati Uniti**. Sam il Terribile
93 **Gran Bretagna**. Regina Maggie
95 **Unione Sovietica/Le elezioni decisive**. Perestrojka nell'urna

AL BAR CENTRALE
In der Central-Bar

Hören Sie bitte die Aufnahme an, und kreuzen Sie die richtigen Sätze an (richtig □, falsch ○):

1. Giorgio prende una birra. □○
2. Marisa prende un cappuccino. □○
3. Le paste sono finite. □○
4. Durante il fine-settimana vengono molte persone. □○
5. Giorgio va a Pisa in macchina. □○
6. Marisa lavora anche la domenica. □○
7. Marisa non ha il telefono. □○

Hören Sie die Aufnahme nochmals an, und vervollständigen Sie die Sätze:

1. Oggi il bar ....
2. Mi dispiace ma ....
3. Eh sì, domani ....

AL BAR CENTRALE

In der Central-Bar

Giorgio: Ciao Marisa! Come stai?
Marisa: Ciao! Così così. Oggi il bar è affollato. Ho molto da fare e tu come stai?
Giorgio: Io sto molto bene, ma tu lavori sempre così tanto?
Marisa: Normalmente no, ma oggi è venerdì e durante il fine-settimana vengono molte persone ed il bar è sempre pieno.
Giorgio: Eh sì, domani non lavora quasi nessuno.
Marisa: Prendi qualcosa? Offro io.
Giorgio: Sì grazie, prendo un cappuccino e una pasta.
Marisa: Mi dispiace ma le paste sono finite.
Giorgio: Allora prendo solo il cappuccino, non fa niente. Dov'è lo zucchero?
Marisa: Lo zucchero? Ecco!
Giorgio: Mmmmh! Qui il cappuccino è molto buono!
Marisa: Naturalmente!
Giorgio: Senti Marisa, io tra poco ho un appuntamento con due vecchi amici a Pisa.
Marisa: Allora vai alla stazione a prendere il treno adesso?
Giorgio: No, non vado alla stazione, vado a Pisa in motocicletta ma... tu lavori tutti i giorni?
Marisa: Io lavoro fino a sabato.
Giorgio: E la domenica?
Marisa: No, la domenica non lavoro mai, sono sempre libera.
Giorgio: Se ti va, possiamo fare qualcosa insieme domenica prossima.
Marisa: Volentieri!
Giorgio: Bene! Hai il telefono?
Marisa: Sì, il mio numero è 405823 ed il prefisso è 0682.
Giorgio: D'accordo, allora ci sentiamo, ciao!
Marisa: Sì, ci sentiamo per telefono, ciao!

Beantworten Sie bitte folgende Fragen:
1. Come sta Marisa? Perché?
2. Con chi ha un appuntamento Giorgio?
3. Che cosa propone Giorgio a Marisa?
4. Quando lavora Marisa?
5. Qual è il numero di telefono di Marisa?

COME STAI?
Wie geht es dir?

proporre (vorschlagen)	**stare** (stehen, sich befinden)
propongo	sto
proponi	stai
propone	sta
proponiamo	stiamo
proponete	state
propongono	stanno

LA FORMA DI CORTESIA

Höflichkeitsform

Come **sta Lei** signor Carli? Wie geht es Ihnen, Herr Carli? Come **sta Lei** signora Carli? Wie geht es Ihnen, Frau Carli?	Come **stanno Loro** signori Carli? Wie geht es Ihnen, Herr und Frau Carli?
Lei prende una birra? Nehmen Sie ein Bier? **Lei va** a Pisa? Fahren Sie nach Pisa?	**Prendono** (Loro) una birra? Nehmen Sie (Mehrzahl) ein Bier? **Vanno** (Loro) a Pisa? Fahren Sie (Mehrzahl) nach Pisa?

Vervollständigen Sie bitte die Sätze, und benutzen Sie dabei die am Rand angegebenen Verben:

Venire	Signor Brambilla .... al bar domani?
	Sì, ... anche Lei?
	Sì vengo anch'io.
Prendere	Che cosa .... Lei Signor Brambilla?
	Prendo un Campari e Lei che cosa ....?
	Io prendo un caffè.
Lavorare	Signora, Lei .... anche il sabato?
	No, io il sabato sono sempre libera.
Essere	Di dov' ...... Lei Signora Marini?
Venire	Io sono di Roma e Lei da dove ....?
	Io vengo da Firenze.
Avere	I signori .... il telefono?
	Sì, il numero è 23 12 67.
Avere	I signori .... un appuntamento tra poco?
	No, non abbiamo nessun appuntamento.
Chiamarsi	Lei come ....?
	Io mi chiamo Alberto.
Andare	Loro .... a Genova?
	No, andiamo a Bologna.

L'ARTICOLO DETERMINATIVO

Der bestimmte Artikel

Hören Sie bitte die Aufnahme, und fügen Sie den Artikel ein:

1. Questa è ..... piazza di Montefiascone.
2. Queste sono .... piazze di Montefiascone.
3. Questa è .... chiave di Antonio.
4. Queste sono .... chiavi di Antonio.
5. Questa è .... amica di Marietto.
6. Queste sono .... amiche di Marietto.

Femminile

Singolare:		**Plurale:**	
l'	bei Wörtern, die mit einem Vokal beginnen: l'amica, l'operaia	**le**	le amiche, le operaie
la	bei allen anderen Wörtern: la donna, la casa	**le**	le donne, le case

Fügen Sie den Artikel ein:

1 .... signora Bice non viene a cena.
2 .... settimana prossima andiamo al mare con .... macchina.
3 .... cena è domani sera a casa mia.
4 .... casa di Giuseppe è sempre piena di persone.
5 .... stazione di Milano è grande.
6 .... automobile di Rino ha il telefono.
7 .... edicola vicino alla piazza ha molti giornali.
8 .... famiglia italiana arriva oggi con .... macchina.
9 .... motocicletta di Pippo è inglese.
10 .... informazione è vecchia, mi dispiace.

Bilden Sie die Mehrzahlform.

L'ARTICOLO DETERMINATIVO

Der bestimmte Artikel

Hören Sie bitte die Aufnahme an,
und fügen Sie den Artikel ein:

1. Questo è .... libro di Carlo.
2. Questi sono .... libri di Carlo.
3. Questo è .... accendino di Arturo.
4. Questi sono .... accendini di Arturo.
5. Questo è .... zio di Luigi.
6. Questi sono .... zii di Luigi.
7. Questo è .... studente di filosofia.
8. Questi sono .... studenti di filosofia.
9. Questo è .... giornale di oggi.
10. Questi sono .... giornali di oggi.

Maschile:

Singolare:		Plurale:	
lo	wird verwendet bei Wörtern, die anfangen mit s + Kons., z, gn, ps, x: lo studente, lo zio	**gli**	gli studenti, gli zii
l'	bei Wörtern, die mit einem Vokal beginnen: l'uomo, l'amico	**gli**	gli uomini, gli amici
il	bei allen anderen Wörtern: il libro, il bicchiere	**i**	i libri, i bicchieri

Fügen Sie den Artikel ein:

1 .... amico di Maria abita a Viterbo.
2 .... appuntamento è al bar, domani.
3 .... numero di telefono è 234170.
4 .... tavolo è libero.
5 .... giornale è di oggi.
6 .... vino rosso è buono.
7 .... studente parla molto bene .... spagnolo.
8 .... disco è di Eros Ramazzotti.
9 Nino ha .... zaino rotto.

Bilden Sie die Mehrzahlform.

L'ARTICOLO DETERMINATIVO

Der bestimmte Artikel

monti	**fiumi**	**mari/laghi**	**regioni**	**nazioni/isole**
le Alpi	il Po	il Garda	la Toscana	l'Italia
gli Appennini	il Tevere	il Trasimeno	la Sicilia	la Germania
l'Etna	l'Arno	il Tirreno	il Lazio	la Sardegna
le Dolomiti	il Reno	l'Adriatico	il Piemonte	la Corsica
i Balcani		lo Ionio	l'Umbria	

Beantworten Sie bitte die folgenden Fragen mit Artikel:

1. Un'isola in Italia del sud: ....
2. Il fiume di Roma: ....
3. La regione di Venezia: ....
4. La regione con il lago di Bolsena: ....
5. Il mare fra l'Italia e la Grecia: ....

IL BAR

Die Bar

Setzen Sie bitte die Artikel ein,
und bilden Sie die Pluralformen:

1. ...BANCONE
2. ...BOTTIGLIA
3. ...BICCHIERE
4. ...CANNUCCIA
5. ...PORTACENERE
6. ...SGABELLO
7. ... CASSA
8. ... SEDIA
9. ... TAVOLO
10. ...TAZZA
11. ...TELEVISIONE
12. ...LIQUORE
13. ...ARANCIATA
14. ... CLIENTE
15. ...JUKE BOX
16. ...FLIPPER
17. ... BARISTA

16
Juke Box
15
3
10
4
13
ARANCIA
5

L'AGGETTIVO E IL SOSTANTIVO
Adjektiv und Substantiv

Maschile singolare	**Maschile plurale**
Il cappuccin**o** è cald**o**.	**I** cappuccin**i** sono cald**i**.
Femminile singolare	**Femminile plurale**
La cas**a** è nuov**a**.	**Le** cas**e** sono nuov**e**.

Achtung! Einige männliche Adjektive enden in der Einzahl mit dem Buchstaben **e**, zum Beispiel interessant**e**, dolc**e**, divertent**e**. Sie werden wie folgt verwendet:

Il cappuccin**o** è dolc**e**.	**I** cappuccin**i** sono dolc**i**.
La cas**a** è grand**e**.	**Le** cas**e** sono grand**i**.

Fügen Sie bitte die fehlenden Adjektive ein:

grande, bello, buono, divertente, snervante, piccolo, noioso, vecchio, malato, vivace, pigro, alternativo, rotto, problematico

Il bar è ....
Il gelato è ....
L'aereo è ....
L'uomo è ....
Il tavolo è ....
La bottiglia è ....
Il cliente è ....
Il barista è ....
La macchina è ....
Lo studente è ....
L'assistente sociale è ....

Bilden Sie die Mehrzahlformen.

L'AGGETTIVO E IL SOSTANTIVO

Adjektiv und Substantiv

Fügen Sie bitte die passenden Artikel und Adjektive ein:
il, lo, la – i, gli, le
nuovo, grande, affollato, tedesco, caldo, divertente, dolce, pigro, giovane, disoccupato, bello, alternativo

..... bicicletta è ....
..... nave è ....
..... piazza è ....
..... amica di Maria è ....
..... mare in Italia è ....
..... barista è ....
..... caffè è ....
..... treno è ....
..... negozio è ....
..... cinema è ....
..... ufficio informazioni è ....
..... ambulatorio del medico è ....
..... assistente sociale è ....
..... zaino di Giovanni è ....
..... italiano è una lingua ....

Bilden Sie den Plural.

Ergänzen Sie bitte den Text:
Franco lavora in un grand... ufficio e fa l'impiegato. ... suo lavoro è interessant... ma qualche volta è anche noios... Lui abita in una piccol... casa in una grand... città. Franco va a lavorare quasi sempre in macchina, una vecchi... Alfa Romeo ross...
Lui ha un'amica. Lei si chiama Marina.
Marina è una donna giovan... e bell... Anche Franco è un uomo giovan... ma lui non è molto bell...
Marina abita in una piccol... città insieme ad un'amica.
Marina lavora e studia. Il suo lavoro è quasi sempre snervant... ma il suo studio è divertent... e solo raramente è difficil... Oggi Franco e Marina hanno un appuntamento in un bar alternativ...

UN CAPPUCCINO, PER FAVORE

Einen Cappuccino, bitte

un cappuccino
un caffellatte
un amaretto
una birra
una limonata
un'aranciata
una pasta
un cornetto (croissant)

gelato alla frutta (Fruchteis)
un gelato
al limone (Zitrone)
al tartufo (Trüffel)
al mirtillo (Heidelbeere)
al pistacchio (Pistazien)
al Kiwi
al cioccolato
al melone
alla fragola (Erdbeere)
alla banana
alla nocciola (Nuß)

un panino
con il prosciutto crudo/cotto
(roher/gekochter Schinken)
con il salame
con la mortadella
con la frittata (Omelette)
un tramezzino
con i sottaceti
(in Essig eingelegtes Gemüse)
un'insalata verde/
mista/di pomodori/russa

Improvisieren Sie verschiedene Gespräche nach den angegebenen Szenen mit den angegebenen Vokabeln.

VOCABOLI ED ESPRESSIONI

Vokabeln und Ausdrücke

Welcher Ausdruck gehört nicht zur Gruppe? Begründen Sie, warum:

nuovo giovane caldo affollato telefono
avere stare fare proporre lo studente
gelato panino tramezzino pasta proporre
la Germania l'Italia la Francia la Spagna la Sicilia
il telefono il gettone il numero il prefisso lo zucchero
prendi qualcosa? vieni al cinema? vai a casa?

Ergänzen Sie den Text, und verwenden Sie dabei die folgenden Ausdrücke:
avere da fare, essere libero/a, essere pieno, essere affollato, andare in, fare qualcosa, fare la fila.

Io lavoro in un ufficio turistico. La mattina .... a lavorare ...... bicicletta. La strada è sempre .... di macchine, gli autobus .... sempre .... Perché non .... anche loro .... bicicletta? Poi vado al bar a prendere un cappuccino. Il bar .... sempre .... ed io .... alla cassa. Anche l'ufficio dove io lavoro ...... sempre .... di turisti che domandano informazioni. Oggi è sabato e non lavoro, il sabato .... sempre .... Quando non lavoro .... con un'amica. Qualche volta .... macchina al mare. È molto bello il mare! Il mare è azzurro, la spiaggia non ...., al bar noi non .... alla cassa. Prendiamo una bottiglia di vino. È buono il vino! I nostri bicchieri .... di vino, la spiaggia non è .... Questa sera c'è la luna .... Forse questa sera io e la mia amica .... insieme sulla spiaggia!

PAROLE E FRASI

Wörter und Sätze

il bar
il cappuccino
la pasta
lo zucchero
la stazione
il giorno
il telefono
la sera
la festa
l'informazione
l'accendino
il giornale
lo sgabello
il cliente

affollato
finito
buono
libero
rosso
forte
divertente
piccolo
malato
vivace
giovane
noioso

essere
stare
lavorare
venire
prendere
arrivare
parlare
ordinare
andare
avere
studiare

Verwenden Sie bitte diese Wörter in einer Geschichte oder in Sätzen oder in Dialogen.

Beispiel: Un piccolo uomo arriva in una stazione vivace ....

VOCABOLI ED ESPRESSIONI

Vokabeln und Ausdrücke

Orizzontali

1. Un verbo (infinito).
2. Il prossimo giorno.
3. Non vecchio.
4. Un giorno con molto sole.
5. Un uomo senza voglia di lavorare.
6. Il colore del Campari.
7. Gli amici ... di Giorgio.
8. Una persona non vecchia.
9. Terza persona singolare di proporre.

Verticali

1. 1ª persona plurale di andare.
2. La domenica Marisa è sempre ...
3. Da ...viene Giorgio?
4. Marisa va a lavorare in ...
5. Un giorno del fine-settimana.
6. Con lo zucchero.
7. Dove io prendo il treno.
8. Non piccolo.
9. Un lavoro o una persona non noiosa.

CHE COSA?

Was?

chi?	wer?	**quanto?**	wieviel?	**dove?**	wo?
che cosa?	was?	**quando?**	wann?	**perché?**	warum?
come?	wie?	**quale?**	welche?		

Cosa liquida (flüssig): acqua, vino, olio, birra, aranciata, limonata, liquore, cappuccino, caffè, mare, fiume, lago.
Cosa solida (fest): macchina, sedia, tavolo, bottiglia, bicchiere, bicicletta, motocicletta, portacenere, tazza, zucchero, monte, treno, gettone.
Animale domestico (Haustier): cane, gatto, uccello.
mangiare, bere, prendere, andare, essere, proporre, avere, studiare, fare
Che cosa è? ....
Che cosa fate il prossimo fine-settimana? ....
Che cosa è finito? ....
Che cosa prendi la mattina? ....
Che cosa proponi adesso? ....
Che cosa mangiano loro? ....
Che cosa bevi? ....

di	(wovon)	**che cosa?**
a	(woran)	
con	(womit)	
su	(worüber)	
per	(wozu/wofür)	
tra	(zwischen [was])	

bere, lavorare, parlare, pensare, rispondere, scrivere

1. Di che cosa parlate? ....
2. A che cosa pensano gli uomini? ....
3. Per che cosa lavori? ....
4. Su che cosa scrivono oggi i giornali? ....
5. Con che cosa bevi la birra? ....
6. Su che cosa non parli mai? ....
7. Con che cosa rispondi? ....

SPIFF

Zweite Folge

NUOVE PAROLE DEL SECONDO CAPITOLO

Neue Vokabeln

A

l'accendino Feuerzeug (52)
l'Adriatico Adria (53)
l'affare hier: Angelegenheit (46)
affollato voll (mit Menschen) (48)
l'Alfa Romeo Alfa Romeo, Automarke (57)
le Alpi Alpen (53)
alternativo alternativ (56)
l'Amaretto Amaretto (Mandellikör) (58)
l'animale Tier (62)
gli Appennini Apenninen (53)
l'appuntamento Verabredung (48)
l'aranciata Orangenlimonade (54)
l'Arno Arno, Fluß (53)
ascoltare hören (47)
l'assistente sociale Sozialarbeiter (57)
l'autobus Autobus (59)
l'automobile Auto, Wagen (57)
avere da fare zu tun haben (48)
azzurro blau (59)

B

i Balcani Balkan (53)
la banana Banane (58)
il bancone Tresen (54)
bello schön (56)
bene gut (48)
bere trinken (50)
il bicchiere Glas (54)
la birra Bier (47)
la bottiglia Flasche (54)
buono gut (48)

C

il caffellatte Milchkaffee (58)
il Campari Campari (Aperitif) (50)
la cannuccia Strohhalm (54)
il cappuccino Cappuccino (48)
la cassa Kasse (54)
c'è es gibt, es ist (örtlich) (46)
il cioccolato Schokolade (58)
ci sono es sind (46)
il/la cliente Kunde (54)
il colore Farbe (61)
con chi mit wem (48)
il cornetto Hörnchen, Croissant (58)
la Corsica Korsika (53)
la cortesia Höflichkeit (50)
così così so lala (48)
cotto gekocht (58)
crudo roh (58)

D

d'accordo einverstanden (48)
difficile schwierig (57)
il disco Schallplatte (52)
dispiace (mi) es tut mir leid (48)
divertente unterhaltsam/lustig (56)
dolce süß (56)
le Dolomiti Dolomiten (53)
la domanda Frage (48)
la domenica Sonntag (48)
la donna Frau (57)
durante während (48)
due zwei (50)

E

entrare eintreten (48)
essere affollato voll sein (mit Menschen) (48)
essere libero hier: frei haben (48)
essere pieno voll sein (48)
l'estero Ausland (46)
l'Etna Ätna (53)

F

fare qualcosa etwas machen, unternehmen (48)
femminile feminin (51)
la festa Fest (60)
la filosofia Philosophie (52)
il fine-settimana das Wochenende (48)
finito fertig, aus, ausgegangen (48)
Firenze Florenz (50)
il fiume Fluß (53)
il flipper Flipper (54)
il formaggio Käse (58)
la forma di cortesia Höflichkeitsform (50)
forte stark (60)
fra zwischen (53)
la fragola Erdbeere (58)
la frittata Omelette (58)
la frutta Frucht, Obst (58)

G

il Garda Gardasee (53)
il gelato Speiseeis (58)
Genova Genua (50)
la Germania Deutschland (53)
giovane jung (57)
gli die (52)
grande groß (57)
la Grecia Griechenland (53)

I

i die (bestimmter Artikel, maskulin Plural) (46)
l'informazione Auskunft (59)
l'insalata mista gemischter Salat (58)
l'insalata di pomodori Tomatensalat (58)
l'insalata russa russischer Salat (58)
l'insalata verde grüner Salat (58)
insieme zusammen (48)
interessante interessant (57)
lo Ionio Ionisches Meer (53)
l'isola Insel (53)

J

il juke-box Musikbox (54)

L

la die (bestimmter Artikel, feminin Singular) (57)
il lago di Bolsena Bolsena-See (53)
il Lazio Latium (53)
le die (bestimmter Artikel, feminin Plural) (56)
il limone Zitrone (58)
il liquore Likör (54)
lo der (bestimmter Artikel, maskulin Singular) (52)
loro sie, Ihnen (49)
la luna Mond (59)

M

mai nie (48)
malato krank (56)
male schlecht (49)
mangiare essen (62)
mare Meer (57)
maschile maskulin (52)
la mattina Vormittag, Frühe (59)
il medico Arzt (57)
il melone Honigmelone (58)
Milano Mailand (51)
il mirtillo Heidelbeere (58)
misto gemischt (58)

molto sehr, viel (48)
il monte Berg (53)
la mortadella Wurst (58)

N

la nazione Nation, Land (53)
niente nichts (48)
la nocciola Nuß (58)
noioso langweilig (56)
non fa niente es macht nichts (48)
nostro unser (59)
il numero Zahl, Nummer (50)
nuovo neu (56)

O

offrire anbieten, einladen (48)
offro io ich gebe einen aus (48)
oggi heute (48)
l'operaia Arbeiterin (51)
ordinare bestellen (60)

P

palloso ätzend, langweilig (57)
il panino Brötchen (58)
la panna Sahne (58)
parlare sprechen (62)
la pasta Kuchen, Mehlspeise (48)
pensare denken (62)
per favore bitte (nur bei Fragen) (58)
la piazza Platz (57)
piccolo klein (56)
il Piemonte Piemont (53)
pieno voll (48)
pigro faul, träge (56)
il pistacchio Pistazie (58)
il plurale Plural (51)
il Po Po (größter Fluß Italiens) (53)
poi dann (59)
il pomodoro Tomate (58)
il portacenere Aschenbecher (54)
potere können (48)
il prefisso Vorwahl (48)
problematico problematisch (56)
proporre vorschlagen (49)
il prosciutto Schinken (58)
la pubblicità Werbung (46)

Q

qualcosa etwas (48)
questo dies, das (48)

R

la regione Region (53)
il Reno Rhein (53)
rispondere antworten (62)
ritirare zurückziehen, abholen (58)
Roma Rom (53)
rosso rot (52)
rotto kaputt (52)

S

il sabato Samstag (48)
il salame Salami (58)
la Sardegna Sardinien (53)
lo scontrino Kassenbon (58)
scrivere schreiben (62)
sentirsi hier: voneinander hören (48)
la sera Abend (50)
il servizio Bericht (46)
se ti va wenn du magst (48)
lo sgabello Hocker (54)
la Sicilia Sizilien (53)
la signora Frau (50)
il signore Herr (50)
silenzioso still (57)
il singolare Singular (51)
snervante nervig (56)
il sole Sonne (61)
solo hier: nur (48)
i sottaceti in Essig eingelegtes Gemüse (58)

la Spagna Spanien (59)
la spiaggia Strand (59)
stare (come stai?) wie geht es dir? (49)
la strada Straße (59)
lo studio Studium (57)
il sud Süden (53)

T

il tavolo Tisch (54)
la tazza Tasse (54)
il telefono Telefon (54)
la televisione Fernsehen (54)
il Tevere Tiber (53)
il Tirreno Tyrrhenisches Meer (53)
il tonno Thunfisch (58)
la Toscana Toskana (53)
il tramezzino Sandwich (58)
tra poco in Kürze, bald (48)
il Trasimeno Trasimenischer See (53)
troppo zuviel (52)
il/la turista Tourist (59)
turistico touristisch (59)
tutti i giorni jeden Tag (48)

U

l'Umbria Umbrien (53)
una eine (59)
gli uomini Männer (52)

V

vecchio alt (48)
il venerdì Freitag (48)
Venezia Venedig (53)
verde grün (58)
vivace lebhaft (56)
volentieri gerne (48)

Z

lo zio Onkel (52)
lo zucchero Zucker (48)

VOCABOLI ED ESPRESSIONI

Vokabeln und Ausdrücke

mangiare
fare qualcosa
arrivare
prendere il treno
avere da fare
essere pieno
proporre
ritirare
non fa niente
subito

televisione
vivace
gelato
giovane
insieme
fragola
lago
luna
piccolo

Versuchen Sie zu erraten, welches Wort aus der Liste oben gemeint ist:

1. Io non faccio questo lavoro domani ma adesso. Quando faccio questo lavoro? ....
2. L'uomo non è vecchio. L'uomo è ....
3. A Bolsena è molto bello. Che cosa è? ....
4. Fare qualcosa con altre persone ....
5. Una persona non noiosa. Com'è questa persona? ....
6. Una cosa non grande. Com'è questa cosa? ....
7. Un gelato alla frutta. Qualè questa frutta? ....
8. Piena è molto forte. Che cosa è?......................................
9. Qualche volta è divertente e spesso è noiosa. Che cosa è? ....

Versuchen Sie zu erraten, welches Verb oder welcher Ausdruck gemeint ist:

1. Non è importante: ....
2. Alla cassa io prendo uno scontrino: ....
3. Un bar con molte persone: ....
4. Maria viene domani sera da Roma: ....
5. Giorgio parla con Giovanni e domanda se va al cinema con lui: ...
6. Il prossimo fine-settimana non sono libero: ....
7. Perché la gente va al ristorante? ....

Terzo capitolo

Wundern Sie sich bitte nicht, falls Sie in irgendeiner Region kein Wort von dem verstehen, was Italiener dort reden – vielleicht sprechen sie Dialekt (Seite 70).
Italien ist sehr schön, und alle Italiener spielen Mandoline, sind sehr gefühlvoll und lieben ihre Mama. Oder etwa nicht? Auf den Seiten 71 und 72 können Sie sich eine Meinung bilden.
Auf den Seiten 73 bis 75 wieder ein wenig Grammatik: die Konjugationen und die unregelmäßigen Verben samt Test.
Haben Sie Lust, Marisa zu helfen? Sie will eine Postkarte schreiben, ist aber ganz durcheinander. Versuchen Sie sich auch selbst an einer Karte und einem Brief (Seite 76 und 77). Auf Seite 78 noch einige Übungen zu den Verben.
Man sagt... man denkt... – haben Sie auch Vorurteile? Wie das aussehen kann und was man dagegen tut, finden Sie auf Seite 79. Erholen Sie sich auf Seite 81 ein wenig bei einem Spaziergang auf der Piazza.
Der Mensch braucht Zahlen, um zu zahlen, zu zählen, zu erzählen... immer nur Zahlen. Auf den Seiten 82 bis 87 werden Sie damit zugeschüttet. Zur Erholung gibt es ein kleines Testspiel und zwei Puzzles (Seite 88 bis 90).
Auf Seite 91 treffen wir wieder Spiff. Er ist glücklich, sogar sizilianischen Dialekt zu verstehen. Und wir? Verstehen wir wenigstens die neuen Vokabeln (Seite 92 bis 96)?

I DIALETTI
Die Dialekte

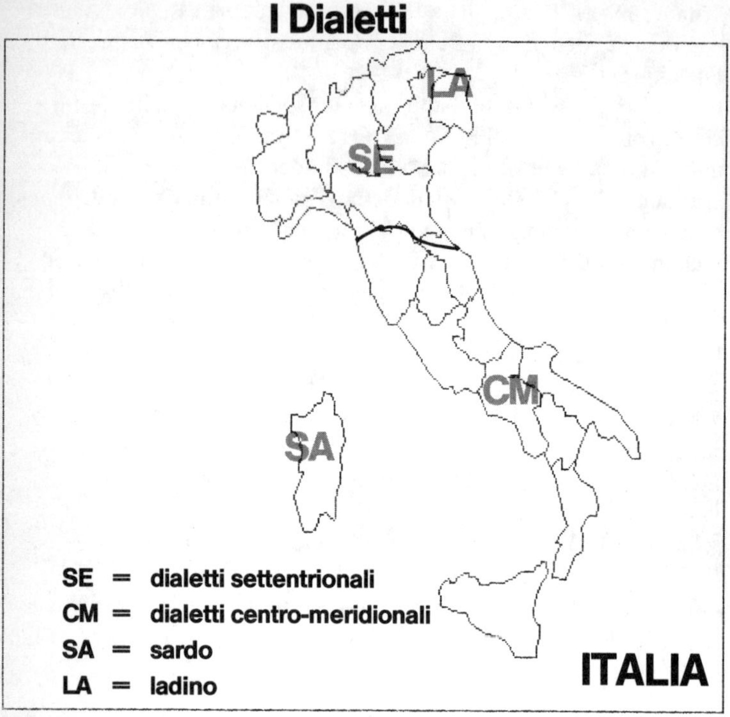

Bitte entscheiden Sie: richtig □ oder falsch ○

1. In Italia ci sono molti dialetti. □○
2. A Roma si parla toscano. □○
3. I dialetti italiani si dividono in due grandi gruppi. □○

L'ITALIA È...

Italien ist...

Was ist richtig?

1. L'Italia ha 20 ☐ 19 ☐ 18 ☐ regioni.
2. In Italia ci sono 55 ☐ 45 ☐ 65 ☐ milioni di abitanti.
3. Gli italiani mangiano ☐ suonano ☐ cantano ☐.
4. I bambini italiani giocano sempre ☐ spesso ☐ qualche volta ☐.

L'ITALIA È...

Italien ist...

L'Italia è bella. L'Italia ha venti regioni. Tutte le regioni italiane producono vino. E il vino italiano è molto buono! Pensate al Barolo, al Chianti, al Cannonau, al... E la cucina italiana? Si possono mangiare molte specialità, specialità che sono buone e belle! E in Italia ci sono cinquantacinquemilioni di abitanti... italiani... E gli italiani, questo popolo che suona il mandolino, che canta sempre, che mangia gli spaghetti molto buoni, che beve un vino buono, che vive in un ambiente molto bello... come sono gli italiani? Gli italiani sono persone che amano i bambini! Gli italiani vanno anche al ristorante con i bambini. Gli uomini italiani amano molto la mamma. Gli uomini italiani sono per tutta la vita dei bambini. Pensano sempre con amore alla mamma. Le mamme sono donne. Anche le donne italiane sono molto belle e buone. E le mamme che sono belle e buone donne pensano sempre con amore ai figli che sono belli e sono uomini e anche donne: bambini e bambine. I bambini amano giocare. E giocano sempre: giocano al mare, a casa, al ristorante, a letto... I bambini italiani giocano sempre perché sono molto caldi e sono molto caldi perché in Italia c'è sempre il sole. Anche di notte!

Beantworten Sie bitte die folgenden Fragen:

1. Com'è l'Italia?
2. Che cosa c'è in Italia?
3. Che cosa suonano tutti gli italiani?
4. Chi amano molto gli italiani?

LE CONIUGAZIONI

Die Konjugationen

Im Italienischen gibt es drei Konjugationen:

1.	**-are**	**2.**	**-ere**	**3.**	**-ire**
parl	**are**	ved	**ere**	part	**ire**
parl	**o**	ved	**o**	part	**o**
parl	**i**	ved	**i**	part	**i**
parl	**a**	ved	**e**	part	**e**
parl	**iamo**	ved	**iamo**	part	**iamo**
parl	**ate**	ved	**ete**	part	**ite**
parl	**ano**	ved	**ono**	part	**ono**

Vervollständigen Sie bitte die Sätze, und übertragen Sie sie in den Plural:

1. coniugazione

(ascoltare)	Io .... spesso musica indiana.
(aspettare)	Paola .... l'autobus.
(cantare)	Tu .... molto bene.
(mangiare)	Perché (tu) .... sempre carne di maiale?
(comprare)	Lei .... sempre stivali neri.

2. coniugazione

(prendere)	Lucia .... il treno per Amsterdam.
(vedere)	Io non .... Luca da due mesi.
(chiedere)	Al bar lui .... sempre un bicchiere d'acqua.
(spendere)	Tu .... troppo!

3. coniugazione

(partire)	Carlo .... per l'Africa.
(sentire)	Voi non .... questo rumore?
(aprire)	.... (tu) la finestra?

VERBI IRREGOLARI

Unregelmäßige Verben

Konjugation einiger unregelmäßiger Verben:

dovere	**potere**	**volere**
devo	posso	voglio
devi	puoi	vuoi
deve	può	vuole
dobbiamo	possiamo	vogliamo
dovete	potete	volete
devono	possono	vogliono
bere	**dire**	**preferire**
bevo	dico	preferisco
bevi	dici	preferisci
beve	dice	preferisce
beviamo	diciamo	preferiamo
bevete	dite	preferite
bevono	dicono	preferiscono

capire und **costruire** werden wie **preferire** konjugiert

Vervollständigen Sie bitte die Sätze:

1. (preferire)	Arianna .... bere una birra.
2. (volere, venire)	Noi .... andare al cinema, ... anche tu?
3. (capire)	Io non .... qual è il problema.
4. (potere)	Quando (voi) .... venire a Roma?
5. (bere)	Carlo e Lucio .... molto vino.
6. (dire)	Tu .... sempre le stesse cose.
7. (fare)	Quando (noi) .... qualcosa insieme?
8. (dovere)	(Noi) .... partire subito.
9. (pagare)	.... io!
10. (costruire)	Anna e Lidia .... uno scaffale.

CHE COSA FAI?
Was machst du?

Che cosa faccio / fai / fa / facciamo / fate / fanno?

pagare, capire, bere, sentire, chiedere, prendere, mangiare, aspettare, costruire, fare, dire, aprire, spendere, vedere, comprare, cantare, ascoltare

1. Io .... una canzone.
2. Tu .... il treno.
3. Lui .... una canzone.
4. Lei .... una pizza.
5. Noi .... un biglietto.
6. Voi .... un caffè.
7. Loro .... una casa.
8. Io .... un'aranciata.
9. Tu .... mille lire.
10. Lui .... una musica.
11. Lei .... la finestra.
12. Noi .... un cappuccino.
13. Voi .... molte cose.
14. Loro .... l'italiano.
15. Io .... un viaggio.
16. Tu .... il conto.
17. Lui .... un tavolo.

Perché fai una cosa?

desiderare, volere, dovere, potere, preferire

1. Io sento questa canzone e non l'altra, perché ... ascoltare Teresa De Sio.
2. Chiediamo molte informazioni perché ... andare in Italia.
3. Noi .... aprire la finestra perché fa molto caldo.
4. Adesso io ...... comprare un biglietto per Roma perché ...... partire domani.
5. .... pagare il conto io perché voi non avete una lira!
6. Noi .... costruire il tavolo perché non ...... spendere molti soldi.
7. Studio l'italiano perché ...... parlare con la gente.
8. Noi .... andare in Italia perché amiamo la Sicilia.

UNA CARTOLINA

Eine Postkarte

Bringen Sie die durcheinandergeworfenen Sätze auf der Karte in die richtige Reihenfolge:

Fa molto caldo, il mare è meraviglioso, la gente è simpatica e... il VINO non manca

Non so se ritorno!

Ciao a presto, il tuo...

abbiamo molto da fare con i bambini,

Cara Monika,

Vieste 20 agosto 1989

la casa, le spese, ma ci divertiamo molto.

qui si sta molto bene;

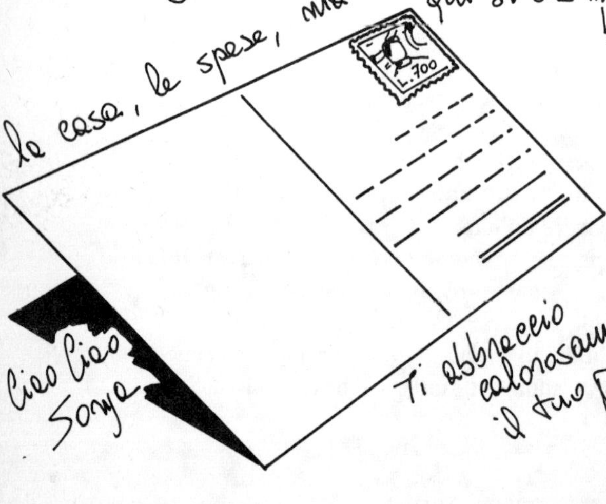

Ciao Ciao Sonja

Ti abbraccio calorosamente il tuo Piero

UNA LETTERA
Ein Brief

Lesen Sie bitte die zwei Briefe unten, und tragen Sie dann den Text ein, der Ihnen zum Briefkopf zu passen scheint:

Spett. le Bellitours
Piazza della Repubblica 23
FIRENZE

Gentili Signori, ...
....
....
....

abbiamo appreso con piacere la Vostra disponibilità di collaborazione con la nostra organizzazione. Siamo in attesa dunque di avere un colloquio con l'assessore al turismo della città.

Distinti saluti

vorrei ricevere il Vostro materiale informativo (dépliants) sulle offerte della Vostra agenzia. Mi interessa tutto il Sud-america, il Brasile in modo particolare.
In attesa del materiale vogliate gradire i miei più cordiali saluti

---

Schreiben Sie bitte eine Postkarte unter Verwendung verschiedener Anrede- und Grußformen.

Cara Sandra,
ho... ...in attesa di una tua lettera, ti saluto affettuosamente
Giacomo

La tua Giulia.

...ti saluto

ciao Mario

...baci e bacioni!

Caro papà, cara mamma,...

Ciao, a presto e salutoni anche a Rosalia e Laura.

Il vostro Marcello.

...In attesa di avere vostre notizie vi stringo forte forte

vostro figlio Marcello.

...sono felicissimo e vi dico un grosso grazie!

Con affetto il vostro Marcello.

...vi abbraccio calorosamente!

VERBI

Verben

Stellen Sie bitte Fragen nach dem Muster:

Prendiamo una birra.	Cosa prendete?
1. Ci vediamo domani sera.	....
2. Spiff va in Italia da Maria.	....
3. Telefoniamo a Sergio.	....
4. Sì, il mio numero è 621355.	....
5. Questo libro è molto interessante.	....
6. Mangiamo alle otto.	....
7. Abito a Genova.	....

Fügen Sie bitte die folgenden Verben ein:
prendere, dire, andare, comprare, pensare, parlare, mangiare, pagare, cantare, giocare, andare.

1. Lucia .... molte canzoni di Teresa De Sio.
2. Anna e Lucia .... al mercato e ...... un chilo di arance.
3. Lei e Diana non .... mai di sì.
4. Noi .... tutto il giorno alle vacanze.
5. .... qualche volta a teatro?
6. Voi .... molto bene il francese.
7. Sergio .... a tennis.
8. Noi non .... mai di sera.
9. Marco .... il caffè con lo zucchero.
10. Chi .... il conto?

UNA PICCOLA STORIA

Eine Kurzgeschichte

Si dice che in Italia si beve molto vino e si mangia molta pasta. Si dice anche che in Germania si beve molta birra e si mangiano molte patate. Si pensa anche che il vino, la birra, la pasta e le patate sono tutte buone cose quando non si consumano molto tutti i giorni. Si pensa anche che tutti gli italiani sono scuri e tutti i tedeschi sono biondi. Si dice ancora che tutti gli italiani sono eleganti e creativi e tutti i tedeschi sono precisi e grandi tecnici. Poi si sente dire che in Italia fa molto caldo e in Germania molto freddo. Così in un normale giorno, una normale persona precisa, creativa, elegante e grande tecnico, che mangia normalmente pasta e patate e che beve normalmente vino e birra fa la normale domanda:
si dice che gli italiani mangiano molta pasta e bevono molto vino e che i tedeschi mangiano molte patate e bevono molta birra ... e io mangio normalmente patate e pasta e bevo vino e birra, allora sono italiano o tedesco?
Ma tu non sei biondo e non sei scuro: tu sei rosso. Dice un amico.
Ah è vero, allora sono ... che cosa sono io?!

Forma impersonale
Die unpersönliche Form wird so gebildet:
si + 3. Person des Verbs
Si mangia, si parla, si vede, si beve .....

Vorsicht (»si passivante«):
si mangi**a** la pasta (Singular)
si mangi**ano** gli spaghetti (Plural)

FARE

Machen, tun

C'È / CI SONO
Es gibt / Es sind

Che cosa c'è nella piazza di Montefiascone?

Nella piazza di Montefiascone c'è un bar.
Nella piazza di Montefiascone c'è un semaforo.

Machen Sie jetzt bitte weiter!

Attenzione!

Nella piazza di Montefiascone ci sono: un bar, un semaforo, una macchina...

I NUMERI
Die Zahlen

Cifra araba	Numero cardinale	Cifra romana	Numero ordinale
1	uno	I	primo
2	due	II	secondo
3	tre	III	terzo
4	quattro	IV	quarto
5	cinque	V	quinto
6	sei	VI	sesto
7	sette	VII	settimo
8	otto	VIII	ottavo
9	nove	IX	nono
10	dieci	X	decimo
11	undici	XI	undicesimo
12	dodici	XII	dodicesimo
13	tredici	XIII	tredicesimo
14	quattordici	XIV	quattordicesimo
15	quindici	XV	quindicesimo
16	sedici	XVI	sedicesimo
17	diciassette	XVII	diciassettesimo
18	diciotto	XVIII	diciottesimo
19	diciannove	XIX	diciannovesimo
20	venti	XX	ventesimo
30	trenta	XXX	trentesimo
40	quaranta	XL	quarantesimo
50	cinquanta	L	cinquantesimo
60	sessanta	LX	sessantesimo
70	settanta	LXX	settantesimo
80	ottanta	LXXX	ottantesimo
90	novanta	XC	novantesimo
100	cento	C	centesimo
200	duecento	CC	duecentesimo
300	trecento	CCC	trecentesimo
400	quattrocento	CD	quattrocentesimo
500	cinquecento	D	cinquecentesimo
600	seicento	DC	seicentesimo
700	settecento	DCC	settecentesimo
800	ottocento	DCCC	ottocentesimo
900	novecento	CM	novecentesimo
1000	mille	M	millesimo
2000	duemila	MM	duemillesimo
10000	diecimila	$\bar{X}$	diecimillesimo
100000	centomila	$\bar{C}$	centomillesimo
1000000	un milione	$\bar{M}$	milionesimo

LUCIO E I NUMERI

Lucio und die Zahlen

Lucio è un bambino di sei anni.
Oggi è il primo ottobre ed è il primo giorno di scuola per Lucio e anche per molti altri bambini. Adesso incomincia a frequentare la prima classe. Per la prima volta si trova in un'aula insieme ad altri venti bambini. Guardano le foto del primo libro di testo.
Lucio ha il compleanno il primo di gennaio e l'onomastico il tredici di dicembre: si chiama Lucio.
Lucio abita al secondo piano di una casa dei primi anni del Novecento. Il padre di Lucio è disoccupato. La madre studia la storia dell'Italia. Lei è molto interessata al re Vittorio Emanuele III e al papa Pio IX per i fatti dell'anno 1929, ma non dimentica per questo di preparare la prima colazione per Lucio, quando il padre è in cerca di lavoro.

Welche Aussagen sind richtig?

1. Lucio ha 6 □ 7 □ 5 □ anni.
2. Oggi è il 1° □ 2° □ 3° □ giorno di scuola.
3. Lui frequenta la 1ª □ 10ª □ 11ª □ classe.
4. La madre è interessata
   a Vittorio Emanuele Primo □ Secondo □ Terzo □
   a Pio Ottavo □ Nono □ Decimo □
   all'anno millenovecentoventotto □ millenovecentoventinove □

La canzone di Gianna Nannini è **seconda** alla hit-parade.

Un biglietto di **prima** classe
Abito al **terzo** piano } vor dem Substantiv

Paolo VI **(sesto)**
Federico II **(secondo)** } nach dem Namen

Die numeri ordinali drücken die Reihenfolge einer Zahlserie aus. Die Konkordanz der numeri ordinali wird, wie beim Adjektiv, vom Substantiv bestimmt: **prima** classe, **terzo** piano, la canzone è **seconda** alla hit-parade ...

L'ELENCO TELEFONICO

Das Telefonbuch

Fabbro Laura	775782
Fabbro Bruno	564123
Fabris Tommaso	243199
Faggiani Elsa	467598
Fantini Dino	776545
Fantini Ada	775836
Ferrara Lelia	237689
Ferrarin Carlo	776008
Filippi Benito	431832
Filzi Giuseppe	213456
Fioravanzo Elena	776001
Furio Antonia	128976
Giachi Vittorio	675674
Golli Fiorenzo	234561
Gori Patrizia	987689
Gori Adriano	236790
Gorza Luigi	341061
Grosso Carla	213567
Guarda Liborio	234510
Guatto Mario	456780
Guggia Aldina	789877
Gusti Adriana	556745
Ieri Giuseppe	774466
Ignoto Aurelio	323341
Innocenti Ivo	211211
Invernizzi Anita	458971
Iusso Alfonso	234798
Lattuga Salvatore	435678
Lenardo Maria	245667
Londero Enzo	126790
Lucca Lia	134522

Fragen und antworten Sie wie in den folgenden Beispielen:

Qual è il tuo numero di telefono?
Il mio numero di telefono è 40 51 24.
Qual è il numero di telefono di Fabbro Laura?
Il numero di telefono di Fabbro Laura è 77 57 82.

UNA TELEFONATA
Ein Telefongespräch

Hören Sie die Aufnahme an, und vervollständigen Sie den Text:

Improvisieren Sie ein Telefongespräch anhand des Beispiels.

QUANTO

Wieviel?

1. Quanti anni hai? ...Ho...
2. Quando sei nato? ....
3. Qual è il tuo numero di telefono? ....
4. Che giorno è oggi? ....
5. Quanto costa il biglietto per Roma? ....
6. Quanti soldi hai? ....
7. Quanti amici hai? ....
8. Quanti abitanti ha l'Italia? ....
9. Quante pagine ha questo libro? ....
10. Quante parole italiane conosci? ....
11. Quanti tipi di vino conosci? ....
12. Quante isole italiane conosci? ....
13. Quanti stati ha la federazione tedesca? ....
14. Quanti giorni di vacanza hai? ....
15. Da quanto tempo non vai in Italia? ....
16. Quanti chilometri ci sono da Amburgo a Monaco? ....

NUMERI
Zahlen

Wie heißt die richtige Zahl?

2 + 2 = quattro / sette / tre / due?
4 + 2 = sette / sei / sedici / diciassette?
65 = sessantasei / settantacinque / cinquantacinque / sessantacinque?
15 − 9 = sedici / sei / sette / diciassette?

Schreiben Sie bitte die Zahlen neben die Wörter:
67 76 6 7 676 766 767 6666 7666 7676 6767

settemilaseicentosettantasei ...... sessantasette ...... sei ...... settantasei ...... settecentosessantasei ...... seimilaseicentosessantasei ...... seimilasettecentosessantasette ...... settecentosessantasette ...... seicentosettantasei ...... sette ...... settemilaseicentosessantasei ......

Teilen Sie bitte folgende Zahlen in gerade und ungerade Zahlen:
uno due tre undici nove venti sei tredici otto quattro diciannove quattordici dieci diciassette cinque dodici sette diciotto quindici sedici trenta ventitre ventiquattro

gerade: due venti sei otto quatro quattordici dieci
ungerade: uno tre undici nove tredici diciannove

Welche Zahl gehört nicht zur Gruppe? Begründen Sie, warum:

18 27 30 45 22

dieci cento centocinquanta sedici trenta

....

PAROLE E FORME

Wörter und Formen

Orizzontali

1. La ... e la morte.
2. 67.
3. L'Italia ha 55 milioni di ...
4. Aber.
5. I bambini amano molto questo.
6. La festa che ha ogni anno un numero più grande.
7. In italiano è maschile, in tedesco è femminile, ma è caldo in tedesco e in italiano.
8. Il contrario di difficile.
9. Prima persona del presente indicativo di potere.

Verticali

1. 15 + 15 =
2. Dopo il terzo viene il ...
3. Nella cartolina a p. 76 il mare è ...
4. Stare (noi).
5. Automobil Club Italiano.
6. Preparare (loro).
7. Il bar è pieno o ...
8. Il bar è affollato o ...

QUANTO?

Wieviel?

chi?	wer?	**quanto?**	wieviel?	**dove?**	wo?
che cosa?	was?	**quando?**	wann?	**perché?**	warum?
come?	wie?	**quale?**	welche?		

bere, frequentare, fumare, costare, mangiare, prendere, leggere, fare, volere

1. Quanto vino bevi in una settimana? ....
2. Quanti corsi frequenti? ....
3. Quante sigarette fumi al giorno? ....
4. Quanto costa una settimana di vacanza? ....
5. Mangi della carne? ....
6. Prendete del latte? ....
7. Legge dei giornali italiani? ....
8. Fate delle fotografie? ....
9. Vuole dello zucchero? ....

di	(von)	quanto?
a	(an)	
da	(seit/von)	
in	(in)	
con	(mit)	
su	(auf)	
per	(für)	
tra/fra	(in/zwischen)	

andare, conoscere, abitare, parlare, volere, avere bisogno, scrivere, fare

1. Tra quanto tempo vai in Italia? ....
2. Da quanti anni conosci l'Italia? ....
3. Con quante persone abiti? ....
4. Su quanti giornali si parla di sport? ....
5. Per quante persone vuoi fare la spesa? ....
6. Di quanti soldi al mese hai bisogno? ....
7. A quante persone scrivi dalle vacanze? ....
8. Da quanto lo vuole il gelato? ....
9. In quanto tempo fa questo lavoro? ....

VOCABOLI E FRASI

Wörter und Sätze

la regione	produrre	bello
la cucina	pensare	buono
il vino	potere	caldo
la specialità	mangiare	meraviglioso
il popolo	cantare	simpatico
l'ambiente	bere	scuro
la persona	vivere	biondo
il bambino	amare	elegante
il ristorante	giocare	creativo
la mamma	dire	preciso
l'amore	volere	grande
il mare	comprare	normale
il sole	pagare	rosso
la notte	consumare	vero
la finestra	abitare	primo
il conto	studiare	disoccupato
la spesa	cercare	interessato
la pasta	costare	pigro
il caldo	avere	
il freddo		
il compleanno		
l'onomastico		
la colazione		

Verwenden Sie bitte die obigen Wörter, indem Sie eine Geschichte schreiben oder Sätze bilden oder Dialoge improvisieren:

....

....

....

....

....

....

....

SPIFF

Dritte Folge

NUOVE PAROLE DEL TERZO CAPITOLO

Neue Vokabeln

A

abbracciarsi sich umarmen (77)
l'abitante Einwohner (72)
l'acqua Wasser (73)
l'affetto Liebe, Gefühl (77)
l'Africa Afrika (73)
l'agenzia Agentur, Büro (77)
altra andere (75)
amare lieben (72)
ancora noch (85)
l'anno Jahr (83)
apprendere lernen (73)
a presto bis bald (77)
aprire öffnen (73)
arrivederci auf Wiedersehen (85)
aspettare warten (73)
l'attesa Erwartung (77)
l'aula Klassenzimmer (83)
avere bisogno brauchen (89)

B

il bacio Kuß (77)
il bacione dicker Kuß (77)
la banca Bank
il Barolo Barolo (piemontesischer Rotwein) (72)
biondo blond (79)
il Brasile Brasilien (77)

C

calorosamente warmherzig, herzlich (77)
il Cannonau Cannonau (sardischer Rotwein) (72)
cantare singen (71)
la canzone Lied (75)
capire verstehen (74)
cara liebe (77)
la carne di maiale Schweinefleisch (73)
caro lieber (76)
in cerca di lavoro auf der Arbeitssuche (83)
il Chianti Chianti (toskanischer Rotwein) (72)
chiedere fragen (73)
la chiesa Kirche (81)
il chilo Kilo (89)
la cifra araba arabische Zahl (82)
la cifra romana römische Zahl (82)
la classe Schule, Unterrichtsraum (83)
la colazione Frühstück (83)
la collaborazione Zusammenarbeit (77)
il colloquio Gespräch (77)
il compleanno Geburtstag (83)
completamente völlig, ganz (76)
comprare kaufen (75)
conoscere kennen (86)
consumare verbrauchen (79)
il conto Rechnung (75)
il contrario das Gegenteil (74)
cordiali saluti herzliche Grüße (77)
il corso Kurs (89)
costare kosten (86)
costruire bauen (75)
creativo kreativ (79)
il cretino Blödmann (76)
la cucina Küche (72)

D

del, della, delle, dello, degli, dei von... (89)
il dialetto Dialekt (70)

dicembre Dezember (83)
dimenticare vergessen (83)
dire sagen (74)
dire di sì ja sagen (78)
la disponibilità hier: Bereitschaft (77)
distinti saluti mit freundlichen Grüßen (77)
dovere müssen (74)
dunque also (77)

E

elegante elegant (79)
essere in attesa erwarten (77)

F

fare a pugni sich mit Fäusten schlagen (80)
fare caldo warm sein (79)
fare freddo kalt sein (79)
fare il bagno baden (80)
fare la fame hungern (80)
fare la fila Schlange stehen (80)
fare la spesa einkaufen (80)
fare l'indiano sich dumm stellen (wörtlich: den Indianer machen) (80)
fare lo stupido sich dumm stellen (80)
fare stupidaggini Blödsinn machen (80)
fare un giro einen Spaziergang machen (80)
il fatto Ereignis, Tatsache (83)
la federazione Bund (86)
il figlio Sohn (72)
la finestra Fenster (73)
la fontana Brunnen (81)
la forma impersonale unpersönliche Form (79)
la foto Photo (83)
frequentare besuchen, verkehren (83)
fumare rauchen (89)

G

gennaio Januar (83)
gentile nett, geehrte (77)
giocare spielen (71)
giocare a tennis Tennis spielen (78)
il giornale Zeitung (77)
il giorno di scuola Schultag (83)
gradire hier: entgegennehmen (77)
grazie danke (77)
grosso groß, dick (77)
il gruppo Gruppe (70)
guardare gucken (83)

I

importare wichtig sein (85)
incominciare anfangen (83)
l'indiano Indianer (80)
in modo particolare insbesondere (77)
interessarsi sich interessieren (77)
interessato interessiert (83)

L

il latte Milch (89)
la lettera Brief (77)
il letto Bett (72)
il lettore Leser (77)
il libro di testo Textbuch (83)
lire Lire (italienische Währung) (75)
il litro Liter (89)

M

la madre Mutter (83)
il maiale Schwein (73)
la mamma Mama (72)
il mandolino Mandoline (72)

il materiale informativo Informationsmaterial (77)
il mercato Markt (78)
il mese Monat (73)
il metro Meter (81)
miei meine (77)
il milione Million (71)
mille tausend (75)
la musica Musik (73)

N

nascere geboren werden (86)
nato geboren (86)
nero schwarz (73)
non importa es macht nichts (86)
normale normal (79)
le notizie Nachrichten (77)
la notte Nacht (72)
il Novecento 20. Jahrhundert (83)
il numero cardinale Kardinalzahl (82)
il numero ordinale Ordnungszahl (82)

O

l'offerta Angebot (77)
l'onomastico Namenstag (83)
l'opinione Meinung (77)
l'ora Stunde (89)
l'organizzazione Organisation (77)

P

il padre Vater (83)
pagare zahlen (74)
il papà Papa (77)
il Papa Papst (83)
partire abfahren (79)
la pasta Nudeln (79)
la patata Kartoffel (79)
la pensione Pension (81)
per questo deshalb (83)
piacere gefallen (77)
il piano Stockwerk (83)
più tardi später (85)
la pizza Pizza (75)
poco wenig (70)
il ponte Brücke (91)
il popolo Volk (72)
la posta Post (81)
preciso genau (79)
preferire bevorzugen (74)
preparare vorbereiten (83)
la prima colazione Frühstück (83)
primo erster (83)
produrre produzieren, herstellen (72)

Q

quanto costa? wieviel kostet es? (86)
quello che derjenige, der (74)

R

il re König (83)
ricevere bekommen (77)
richiamare zurückrufen (85)
il ristorante Restaurant (72)
il rumore Geräusch (73)

S

salutare begrüßen (77)
i saluti Grüße (77)
i salutoni dicke Grüße (77)
lo scaffale Regal (74)
scrivere schreiben (77)
scuro dunkel (79)
scusarsi sich entschuldigen (77)
secondo zweiter (82)
il secondo Sekunde (81)
il semaforo Ampel (81)
sentire hören, fühlen (81)
si man (79)
i soldi Geld (75)
solo nur (85)

la specialità Spezialität (72)
spendere ausgeben (73)
spettabile geehrte (Firma) (77)
la stagione Jahreszeit (89)
lo stato Staat (96)
stesso selbst, gleich (74)
gli stivali Stiefel (73)
la storia Geschichte (79)
stringere hier: an die Brust drükken (75)
subito sofort (74)
suonare Musik spielen (71)

T

tardi spät (85)
il teatro Theater (77)
il tecnico Techniker (79)
telefonare anrufen (78)
il testo Text (83)
il tipo Typ, Sorte (86)
il Toscano toskaner (70)
trovarsi sich finden (83)
il turismo Fremdenverkehr (74)

V

la vacanza Urlaub (77)
vedersi sich sehen (78)
vero wahr (70)
il viaggio Reise (75)
la vita Leben (72)
vivere leben (72)
la volta Mal (83)
vostro euer (77)

VOCABOLI ED ESPRESSIONI

Vokabeln und Ausdrücke

regione	bagno
vino	posta
luglio	abitanti
canzone	letto
mare	pagare

Versuchen Sie zu erraten, welches Wort aus der Liste oben gemeint ist:

1. Si beve molto in Italia.
2. È nella piazza di Montefiascone.
3. Una parte dello stato italiano.
4. Un posto dove si può andare in vacanza.
5. È il settimo mese.
6. Si può fare al mare o a casa.
7. Un testo che si canta.
8. Un posto dove i bambini giocano molto.
9. In Italia sono cinquantacinquemilioni.
10. Si deve fare alla cassa.

Quarto capitolo

Wer meint, in Italien sei es immer warm, irrt sich gewaltig. Lesen Sie zu diesen und anderen Annahmen den Text auf Seite 98. Gemeinsam etwas zu unternehmen, macht mitunter Probleme. Auf den Seiten 99 bis 103 verfolgen wir einen Vorschlag bis ins Ziel. Mitunter braucht man die Befehlsform, um klarzumachen, wo es langgeht. Auf Seite 103 finden Sie den Imperativ.
Sich in einer fremden Stadt zurechtzufinden, ist nicht leicht. Auf den Seiten 104 und 105 können Sie das am Beispiel der römischen Innenstadt üben. Damit die Verabredungen klappen, muß man wissen, was die Uhr geschlagen hat und welches Datum ist. Auf den Seiten 106 bis 109 erfahren Sie alles Notwendige. Gleich anschließend folgt ein Überblick über den Ablauf des Jahres in Italien. Und für den grammatikalischen Schliff finden Sie auf den Seiten 112 und 113 die Preposizioni di tempo (Zeitpräpositionen) samt Test.
Ein Testspiel und drei Puzzles wiederholen Wichtiges aus dem Kapitel (Seite 114 bis 117), bevor wir Spiff am Meer wiedertreffen. Und nicht zu vergessen – die neuen Vokabeln (Seite 119 bis 122).

L'ITALIA È...

Italien ist...

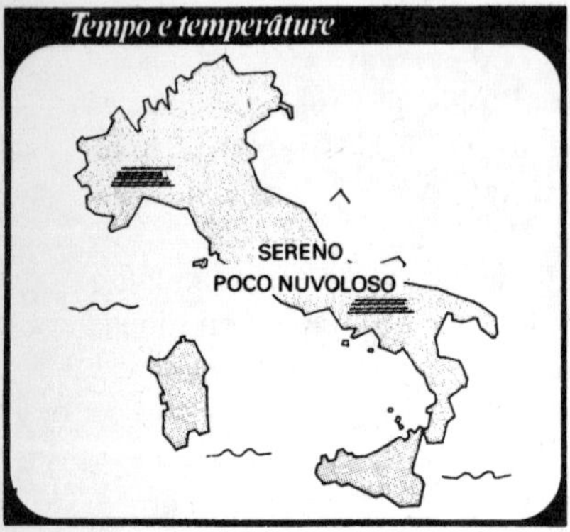

Evoluzione generale: sull'Italia permane un'alta pressione.

Tempo previsto: su tutte le regioni prevalenza di cielo sereno o poco nuvolos ma qualche addensamento sarà possibile sulle regioni adriatiche. Foschie dens e banchi di nebbia nelle valli e lungo i litorali.

Temperatura: pressoché stazionaria.

Venti: deboli variabili con rinforzi da est sulle zone adriatiche.

Mari: poco mossi localmente mosso l'Adriatico.

Temperature minime e massime delle ultime 24 ore:
Bolzano 11/26, Verona 15/27, Trieste 19/26, Venezia 16/26, Milano 15/27 Torino 15/26, Cuneo 15/21, Genova 18/29, Bologna 16/27, Firenze 13/32 Pisa 13/31, Ancona 14/24, Perugia 18/28, Pescara 14/26, L'Aquila 13/26 Roma Urbe 14/30, Roma Fiumicino 15/27, Campobasso 16/25, Bari 16/25 Napoli 15/29, Potenza 14/23, S.Maria di Leuca 18/25, Reggio Calabria n.p Messina 22/29, Palermo 21/25, Catania 15/28, Alghero 16/28, Caglia 15/26.

Temperature minime e massime delle ultime 24 ore:
Amsterdam 7/17, Atene 17/27, Belgrado 12/22, Berlino 5/18, Bruxelle 12/22, Chicago 3/12, Copenaghen 10/14, Dublino 13/22, Francoforte 6/2 Ginevra 17/24, Helsinki 13/15, Lisbona 16/32, Londra 12/22, Los Angel 22/27, Madrid 14/34, Mosca 13/22, New York 14/22, Oslo 4/15, Par 9/21, San Francisco 16/21, Stoccolma 9/12, Varsavia 11/23, Vienna n.p.

L'Italia è un paese molto vario. A partire dal tempo: da temperature alte in alcune zone, a temperature basse in altre. Così nello stesso giorno possiamo vedere persone che si incontrano in piazza perché il tempo è bello, o che vanno al mare a fare un bagno e altre persone in altre zone che stanno a casa, vanno al bar o vanno a sciare in montagna. Naturalmente la vita in città è diversa dalla vita in un paese. In una città, le persone possono andare in molti luoghi: hanno molti teatri, molti cinema, molti concerti... Nei paesi, invece, ci sono poche possibilità, ma è possibile in paese come anche in città stare a casa a guardare la televisione. Una televisione che ha molti programmi statali e privati, belli e brutti e tutti con moltissima pubblicità.
Anche la cucina è in Italia molto varia! Infatti ogni paese, ogni regione ha le sue specialità, i suoi modi di preparare la pasta in tutte le sue variazioni. Buon appetito.

Beantworten Sie die folgenden Fragen mit richtig □ oder falsch ○

1. La temperatura in Italia è sempre alta. □○
2. La vita in città è uguale alla vita in paese. □○
3. Nei programmi TV c'è poca pubblicità. □○
4. Nella cucina italiana ci sono poche specialità. □○
5. La temperatura massima di Perugia è di 35 gradi. □○
6. La temperatura di Berlino è più alta della temperatura di Madrid. □○

UNA PROPOSTA
Ein Vorschlag

Hören Sie sich die Aufnahme an, und kreuzen Sie die richtigen Aussagen an:

L'orologio di Roberto fa:	le 22,30 ☐	
	le 22,00 ☐	
	le 23,30 ☐	
Giorgio propone di andare:	a dormire	☐
	al cinema	☐
	a sentire musica	☐
Il «Capolinea» si trova:	in Piazza Garibaldi	☐
	in una traversa di Via Ricasoli	☐
	in Via Ricasoli	☐

UNA PROPOSTA

Ein Vorschlag

Marisa: È mezzanotte ragazzi, si chiude!
Roberto: Ma non è possibile, il tuo orologio va avanti! Il mio fa appena le 23 e trenta!
Marisa: Caro Roberto, secondo me al tuo «Rolex» mancano alcuni rubini. Sono le 24 pre-ci-se!
Roberto: Porca miseria! Quest'orologio è di nuovo rotto...
Giulia: Ma dai, non capisci che Marisa è molto stanca?
Giorgio: Ragazzi, non perdiamo la calma. Ho un'idea. Conoscete «Il Capolinea»?
Gabriella: È quel locale dove ogni tanto fanno musica dal vivo?
Giorgio: Sì, quello. Oggi suonano alcuni amici miei.
Giulia: Che tipo di musica fanno?
Giorgio: Jazz. Sono molto in gamba. Allora, andiamo lì?
Gabriella: Io sono d'accordo, ma forse è già troppo tardi. Che ore sono?
Giorgio: È mezzanotte e dieci, ma oggi è sabato e chiudono alle 4.
Roberto: Sì, ma dov'è questo posto? È lontano?
Giorgio: No, è vicino. Sapete dov'è via Ricasoli?
Roberto: No.
Giorgio: Allora, è molto facile: quando uscite dal bar, andate a destra, sempre dritto fino al semaforo. Lì girate a sinistra e andate ancora avanti fino a Piazza Cavour. Attraversate la piazza. La terza traversa a destra è Via Ricasoli e «Il Capolinea» si trova al numero 15. Capito?
Giulia: Credo di sì.
Giorgio: Io prendo la bicicletta. Ci vediamo lì tra 10 minuti.
Gabriella: Ok. E tu, Marisa, cosa fai? Hai voglia di venire con noi?
Marisa: No grazie, preferisco andare a letto.
Gabriella: Come vuoi, a lunedì allora!
Marisa: Ciao. Buon divertimento!
Gabriella: Grazie. Ciao.

Beantworten Sie bitte die folgenden Fragen:

1. Cosa propone Giorgio?
2. Che musica fanno al «Capolinea»?
3. Gabriella conosce «Il Capolinea»?
4. Cosa vuole fare Marisa?

Machen Sie verschiedene Vorschläge, und versuchen Sie, Gespräche mit den untenstehenden Ausdrücken zu improvisieren.
Beispiel:
Hai voglia di venire a Genova con me domani?
No, non ne (dazu) ho voglia perché non sto molto bene e domani ho un appuntamento importante.

hai voglia di . . .? (hast du Lust auf . . .?)
che ne dici di . . .? (was hältst du von . . .?)
ti piacerebbe . . .? (würde es dir gefallen zu . . .?)
cosa prendi? (was nimmst du?)
ci facciamo un bicchierino? (trinken wir ein Gläschen?)
hai già un impegno? (hast du schon was vor?)
ti propongo di (ich schlage dir vor)
ci sto (ich mache mit)

va bene (okay)
d'accordo (einverstanden)
volentieri (gerne)
con molto piacere (sehr gern)
perché no? (warum nicht?)
no, grazie (nein, danke)
non ne ho voglia (dazu habe ich keine Lust)
mi dispiace ma non mi va (es tut mir leid, aber es paßt mir nicht)
neanche per sogno (nicht mal im Traum)
non ho bisogno di niente (ich brauche nichts)

ANDARE AL LOCALE
Die Kneipe aufsuchen

Hören Sie sich die Aufnahme mehrmals an, und zeichnen Sie auf dem Plan den Weg ein, den Pino angibt, um zum «Capolinea» zu kommen.

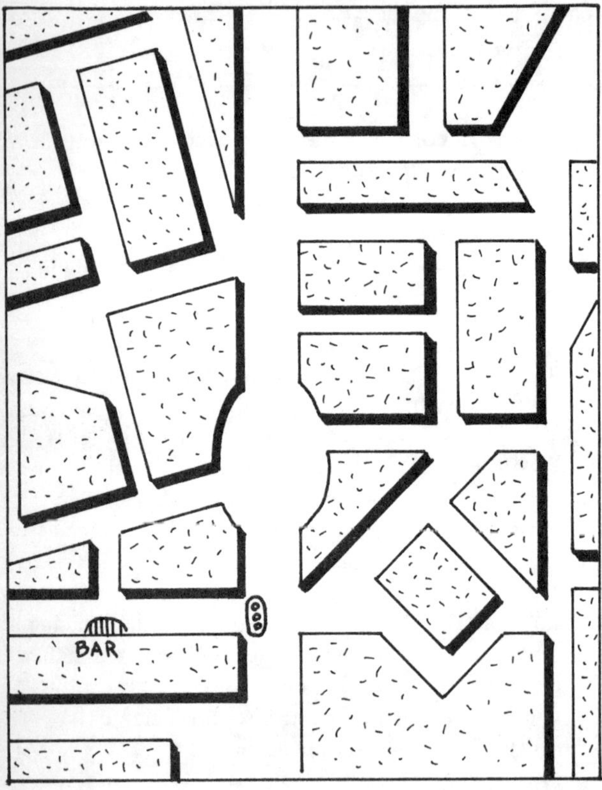

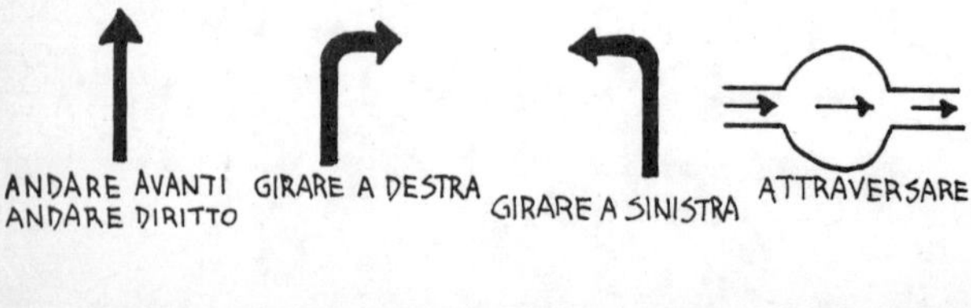

FORME DI IMPERATIVO

Imperativformen

	attraversare	andare	girare
tu	attraversa	va'	gira
voi	attraversate	andate	girate
Lei	attraversi	vada	giri

(Lei = forma di cortesia singolare)

Eine Freundin möchte Sie an Ihrem Arbeitsplatz besuchen, sie ist am Bahnhof und fragt telefonisch nach dem Weg (bitte verschiedene Arbeitsplätze einsetzen).

DOV'È...?

Wo ist...?

Lesen Sie die Beschreibungen, und beantworten Sie bitte die Fragen:

Dopo una lunga pausa a S. Pietro, prendo Via della Conciliazione e vado sempre dritto fino a Castel S. Angelo. Davanti a Castel S. Angelo c'è un ponte sul Tevere. Attraverso il ponte e alla prima strada a sinistra c'è un bar. Faccio un'altra pausa al bar per bere qualcosa poi esco dal bar e vado avanti in Corso V. Emanuele fino a Corso Rinascimento. Lì giro a sinistra e subito dopo sul lato sinistro di Corso Rinascimento trovo una piazza molto grande e molto bella.

Come si chiama questa piazza?

Davide e Sara si trovano a piazza Colonna e girano a destra in Via del Corso. In questa strada ci sono molti negozi. Davide vuole comprare un paio di scarpe e allora entrano in un negozio all'angolo di Via dell' Umiltà. Escono dal negozio senza scarpe perché sono troppo care e attraversano Via del Corso e vanno avanti fino a Via Cesare Battisti. Lì girano a sinistra.

Come si chiama la seconda strada a sinistra?

Scusi, dove si trova l'Isola Tiberina?
L'Isola Tiberina? Sì, è molto facile, dove avete la macchina?
No, non abbiamo la macchina, siamo a piedi, è molto lontano?
No, non molto. Allora adesso noi siamo a Campo dei Fiori, attraversate la piazza e andate in Via Giubbonari, sempre dritto fino a Piazza Cairoli. Lì andate ancora avanti e attraversate una grande strada che si chiama Via Arenula. Andate sempre avanti in Via del Portico d'Ottavia e girate a destra, andate sempre dritto fino alla Sinagoga che si trova sul lato destro della strada e l'Isola Tiberina è di fronte alla Sinagoga. Voi attraversate la strada sul Lungotevere e il ponte Fabrizio e poi siete arrivati. Avete capito?
Sì, penso di sì, grazie mille!

Schauen Sie sich den Stadtplan von Rom an, und machen Sie weiter nach den obigen Beschreibungen.

Quirinale
Via dei Fori Imp
Foro Traiano
Palatino
Corso
Fontana di Trevi
Pantheon
Vittoriano
Campidoglio
Piazza Venezia
Montecitorio
Piazza Navona
Cancelleria
Pal. Farnese
Villa Farnesina
Castel S. Angelo
Ponte Umberto I
Ponte S. Ang
Via della Conciliazione
Piazza S. Pietro
Gianicolo
Mura Aurelie
Piazzale Garibaldi
Viale delle Mura Aurelie
Porta Cavalleggeri
Largo Argentina
S. Bartolomeo
Sinagoga
S. Maria in Trastevere
Lungotevere
Tevere
Via Nuova delle Fornaci
Via Aurelia
Aurelia Antica
Pietro

CHE ORA È? CHE ORE SONO?

Wieviel Uhr ist es?

Tic.. Tac.. Tic.. Tac.. Tic...

E' MEZZOGIORNO

SONO LE DIECI MENO VENTI

SONO LE 20 E 40

SONO LE DUE E MEZZA

È L'UNA

SONO LE UNDICI MENO UN QUARTO

A CHE ORA?

Um wieviel Uhr?

A che ora squilla la sveglia?
La sveglia squilla alle ....
L'autobus parte alle ....
Il bar chiude a ....
Loro pranzano a ....
Il film incomincia alle ....
L'ufficio apre alle ....
La pausa è fino alle ....
Sergio cena alle ....
Alle .... chiudono i negozi.
Lei fa colazione alle ....

Setzen Sie die passenden Aussagen zu den Zeichnungen.

APPUNTAMENTI
Verabredungen

Beantworten Sie bitte die folgenden Fragen:

1. Che giorno è oggi?
2. Che cosa fa Lia alle 9?
3. A che ora è il pranzo da Simona?
4. A che ora telefona Lia a Giorgio?

PAROLE E FORME
Wörter und Formen

1 8 15 22 29	GENNAIO	Lunedì	primavera
2 9 16 23 30	FEBBRAIO	Martedì	estate
3 10 17 24 31	MARZO	Mercoledì	autunno
4 11 18 25	APRILE	Giovedì	inverno
5 12 19 26	MAGGIO	Venerdì	
6 13 20 27	GIUGNO	Sabato	
7 14 21 28	LUGLIO	Domenica	
	AGOSTO		
	SETTEMBRE		
	OTTOBRE		
	NOVEMBRE		
	DICEMBRE		

Beschreiben Sie den Tagesablauf an einem der Tage in der nächsten Woche, dem nächsten Monat, mit Hilfe der angegebenen Verben:

andare a lavorare, fare la fila, fare colazione, telefonare, leggere, parlare, perdere la calma, avere un'idea, chiudere, trovarsi, conoscere, cenare, andare a dormire.

UN ANNO

Ein Jahr

ACQUARIO
21 Gennaio
18 Febbraio

Gennaio

È inverno/nevica/fa brutto tempo/fa freddo, inizia il nuovo anno/il 6 gennaio c'è la festa dell'Epifania o della Befana. La Befana è una strega buona che porta i regali ai bambini.

PESCI
19 Febbraio
20 Marzo

Febbraio

È il mese più corto/c'è molto vento/c'è il carnevale; ci sono molti modi diversi di festeggiare il carnevale in Italia. Il carnevale di Venezia è conosciuto in tutto il mondo, per le maschere ed i suoi spettacoli. A Viareggio, in Toscana, il momento più importante del carnevale è la sfilata dei carri allegorici. Essi sono di grandi dimensioni e prendono in giro i politici, gli attori e altra gente molto famosa. Festa di S. Valentino: festa degli innamorati.

ARIETE
21 Marzo
20 Aprile

Marzo

È Pasqua/è il mese pazzo/il tempo è bello e brutto, incomincia la primavera/c'è vento, pioggia, sole. L'8 marzo è la festa della donna.

TORO
21 Aprile
21 Maggio

Aprile

Pesce d'aprile/stanchezza primaverile/è bello dormire. Firenze: Festa dello scoppio del carro; sopra un carro davanti al duomo vengono fatti scoppiare i fuochi d'artificio. Il 1 aprile è il giorno degli scherzi, che in questo giorno prendono il nome di Pesce d'aprile.

GEMELLI
22 Maggio
21 Giugno

Maggio

È il mese della Madonna/fiori/verde/le vacanze sono vicine. Venezia: rito di nozze con il mare davanti a S. Marco. Taormina: Festa del Raduno del Costume e del Carretto Siciliano: festa popolare in costume tipico. Gubbio, Festa dei Ceri: corsa con dei ceri per le strade della città.

CANCRO
22 Giugno
22 Luglio

Giugno

Incomincia l'estate/caldo/bagni al mare. Firenze, Calcio in Costume: in piazza S. Croce ha luogo una partita di calcio con i costumi del XVI secolo.

LEONE
23 Luglio
22 Agosto

Luglio

Incominciano le vacanze/lunghe code in autostrada/è il mio compleanno. Siena, Festa del Palio: spettacolare e pericolosa corsa di cavalli in Piazza del Campo. Roma, Festa de' Noantri (noi), festa di quartiere a Trastevere dove si mangia e si beve molto.

Agosto
Tutti gli alberghi sono affollati/tutti, o quasi, gli italiani sono in vacanza/Ferragosto: aiuto, aiuto. Ascoli Piceno: Festa della Quintana: torneo di equitazione. Vignanello: Festa del Vino, festa con spettacoli e molto vino gratis.

Settembre
Ricominciano le scuole/fine delle vacanze/incomincia l'autunno/vendemmia. Venezia: Regata storica. Marostica: Partita a Scacchi in costume con persone viventi, ogni due anni.

Ottobre
Cadono le foglie/colori variopinti/riflessione/situazioni romantiche/è il mio compleanno. Porticello (Sicilia): Festa del Marinaio, in onore alla Madonna del Lume. Continua la vendemmia, il mosto fermenta.

Novembre
Incomincia il freddo/vestiti pesanti/prime piogge/visite al cimitero/ raccolta di olive e castagne. 1 novembre: Festa dei Santi. 2 novembre: Festa dei Morti. 13 novembre: S. Martino «ogni mosto diventa vino»; il vino novello è pronto.

Dicembre
Colore bianco/neve/freddo/finisce l'anno/vacanze. 25 dicembre: Festa di Natale, festa in famiglia. 31 dicembre: Festa di Capodanno: banchetto di fine anno, fuochi d'artificio.

Bitte beantworten Sie die folgenden Fragen:

1. Che cosa è il Palio?
2. Che cosa incomincia a luglio?
3. Ci sono poche macchine in autostrada?

Machen Sie weiter wie oben mit allen anderen Monaten. Sagen Sie mit Hilfe der angegebenen Monatsbeschreibungen, welche Monate Sie bevorzugen, und begründen Sie, warum.
Sie wollen nach Italien in Urlaub fahren. Welchen Monat würden Sie auf keinen Fall wählen? Warum nicht?

LE PREPOSIZIONI DI TEMPO

Die Zeitpräpositionen

Die Zeitpräpositionen bestimmen Dauer und zeitliche Verquickung einer Handlung. Das kann sich entweder auf eine bestimmte oder auf eine unbestimmte Zeit beziehen. Demnach beziehen sich die Zeitpräpositionen auf Handlungen, die in der Vergangenheit, der Gegenwart oder in der Zukunft geschehen.

A	**A** che ora chiude il bar?	Il bar chiude **a** mezzanotte.	
	A che ora chiude il bar?	Il bar chiude **a** mezzanotte. **alle** 24. **all'**una.	ore
	Quando viene Marco?	Viene **a** gennaio. **a** settembre. **ad** agosto.	mesi
	Quando viene Laura?	Viene domani. lunedì. sabato.	giorni della settimana
IN	Quando vai in vacanza?	Vado in vacanza **in** primavera. **in** estate. **in** autunno. **in** inverno.	stagioni
DA	**Da** che ora sei qui?	Sono qui **dalle** 13. **da** lunedì. **da** settembre. **da** molto tempo.	
DA... A...	Quando è aperto il bar? Quanto dura la lezione?	Il bar è aperto **dalle** 9 **alle** 24. La lezione dura **dalle** 17 **alle** 19.	
TRA/FRA	Quando ci vediamo?	Ci vediamo **tra** 10 minuti. **tra** un mese. **tra** due giorni.	

LE PREPOSIZIONI DI TEMPO

Die Zeitpräpositionen

1. Vado in vacanza ..... marzo.
2. Ho le ferie .... 15 maggio .... 31 maggio.
3. L'anno prossimo ho le vacanze ...... primavera.

dal in a al

Quando lavori?

1. Incomincio .... otto e un quarto.
2. Finisco .... diciannove.
3. Lavoro .... lunedì ...... venerdì.
4. Incomincio .... due ore.
5. Oggi lavoro .... nove di stamattina!

da alle dalle a tra alle

Tv3 rai

16.15 **GOLDONI IN BIANCO E NERO** - «Chi la fa l'aspetti», ossia «I chiassetti del carnevale». Commedia in 3 atti di Carlo Goldoni. Interpreti: Cesco Baseggio, Elsa Vazzoler, Margherita Seglin, Carlo Micheluzzi, Luisa Baseggio, Franco Micheluzzi, Rina Franchetti, Lella Poli, Giorgio Gusso, Aldo Capodaglio, Gino Cavalieri, Carlo Scolari, Willy Moser. Regìa di Carlo Ludovici. Ripresa televisiva di Stefano De Stefani. (Registraz. effett. nel 1959)

18.25 **L'ORECCHIOCCHIO** - Quasi un quotidiano tutto di musica. Regìa di Lillo Gullo

19.00 **TG 3**

19.30 **TV 3 REGIONI**
Intervallo con: GIANNI E PINOTTO

20.05 **GEOGRAFIA OGGI** - «Depositi glaciali». Di Brian Nixon (2ª puntata)

20.30 **TG 3 SET** - Regìa di Enzo Inserra

21.30 **DEDICATO A MARIA MALIBRAN** - Dal Teatro Malibran di Venezia «Concerto del martedì». Organizzato dall'associazione «Omaggio a Venezia». Joan Sutherland, soprano; Richard Bonynge, pianista. Regìa di Tonino Del Colle (2ª parte)

22.15 **TG 3**
Intervallo con: GIANNI E PINOTTO

22.50 **POZZI BELLINI A VALLE GIULIA**

1. Che cosa c'è in TV alle 20.30? ....
2. A che ora comincia il programma televisivo «L'orecchiocchio»? ......
3. Quando incomincia la commedia di Goldoni? ....

PAROLE E FORME

Wörter und Formen

Orizzontali

1. «Jetzt» in italiano.
2. Il contrario di alto.
3. Il lavoro (finire) alle 19.
4. Una parte del giorno.
5. (Tu) andare dall'altra parte della piazza o della strada.
6. Il mese prima di dicembre.
7. Andate prima dritto e poi (girare) a destra.
8. Il mese dopo maggio.
9. Plurale femminile di giusto.
10. Il primo mese dell'anno.
11. Le prime due lettere di 8.

Verticali

1. Il contrario di sinistra.
3. Lavora in teatro.
4. Una stagione fredda.
5. Pensare (voi).
6. Non a destra, non a sinistra, ma ...
7. Pronome personale.
8. Il terzo giorno della settimana.
9. Seconda persona di sentire (presente indicativo).

PAROLE ED ESPRESSIONI

Vokabeln und Ausdrücke

Welche Vokabeln gehören nicht zur Gruppe? Begründen Sie, warum:

attraversare dormire girare andare
un quarto quadro quattro meno un quarto
mezzogiorno mezzanotte l'una le sette
estate giugno luglio ottobre

Was bedeutet das? Kreuzen Sie eine Lösung an:

Secondo me:
a. tu sei primo e io secondo ☐
b. io sono secondo ☐
c. io penso che ☐

C'è musica dal vivo:
a. si ascoltano dischi ☐
b. si ascolta una cassetta ☐
c. si ascolta un gruppo ☐

Essere un musicista in gamba:
a. un musicista che ha tutte e due le gambe ☐
b. un musicista che sta in piedi ☐
c. un musicista molto bravo ☐

QUANDO?

Wann?

chi?	wer?	**quanto?**	wieviel?	**dove?**	wo?
che cosa?	was?	**quando?**	wann?	**perché?**	warum?
come?	wie?	**quale?**	welche?		

Quando?
Non... mai, quasi mai, raramente, qualche volta, ogni tanto, spesso, sempre, di sera, di mattina, di pomeriggio, di notte, di giorno, domani, oggi, ieri, questa/la prossima/la scorsa settimana.
Giorni: lunedì, martedì, mercoledì, giovedì, venerdì, sabato, domenica.
Mesi: gennaio, febbraio, marzo, aprile, maggio, giugno, luglio, agosto, settembre, ottobre, novembre, dicembre.
Stagioni: la primavera, l'estate, l'autunno, l'inverno.
Questo anno, l'anno passato, l'anno prossimo, un/due... anni fa.
Alle, dalle, fino alle, tra.

chiudere suonare uscire visitare frequentare ritornare pranzare cenare

1. Quando suonano i Beatles in Italia? ....
2. Quando esce il prossimo libro? ....
3. Quando cenate da noi? ....
4. Quando visiti Firenze? ....
5. Quando ritorni dalle vacanze? ....
6. Quando chiude la scuola? ....
7. Quando frequenti il corso? ....
8. Quando pranzi? ....

fino a (bis)
di (von)
da (seit)
per (für)
} quando?

PAROLE E FRASI
Wörter und Sätze

il ragazzo l'orologio la calma l'idea il locale la musica dal vivo l'amico il posto la traversa la voglia il letto la sveglia l'ora il negozio l'appuntamento il mese

chiudere mancare capire perdere conoscere suonare sapere uscire attraversare credere prendere vedere preferire girare squillare pranzare

affollato alcuno preciso rotto stanco lontano vicino facile difficile

appena secondo me porca miseria ogni tanto quello essere in gamba allora forse tardi a destra a sinistra buon divertimento

Verwenden Sie bitte diese Wörter, um Sätze, Dialoge, Kurzgeschichten zu schreiben oder zu erzählen:

....

....

....

....

....

....

....

....

....

....

....

....

....

....

....

....

....

....

SPIFF

Vierte Folge

NUOVE PAROLE DEL QUARTO CAPITOLO

Neue Vokabeln

A

agosto August (110)
aiuto! Hilfe! (110)
l'albergo Hotel (110)
alle um (100)
alto hoch (98)
a lunedì bis Montag (101)
andare avanti vorangehen (100)
andare a destra rechts gehen/fahren (100)
andare a sinistra links gehen/fahren (100)
l'angolo Ecke (104)
appena kaum, gerade (100)
aprile April (110)
l'attore Schauspieler (110)
attraversare überqueren (100)
l'autostrada Autobahn (110)
l'autunno Herbst (111)
avere luogo stattfinden (110)
avere voglia Lust haben (101)

B

il bagno Bad (110)
il bambino Kind (110)
il banchetto Bankett (111)
Berlino Berlin (98)
bianco weiß (111)
bravo gut (113)
brutto tempo schlechtes Wetter (110)
buon divertimento viel Spaß (101)

C

cadere fallen (111)
il calcio Fußball (110)
la calma Ruhe (100)
il Capodanno Neues Jahr (110)
il capolinea Endstation (100)
il carnevale Karneval (110)
il carro Pferdewagen (110)
il carro allegorico Karnevalswagen (110)
la cassetta Kassette (115)
le castagne Kastanien (111)
il cavallo Pferd (110)
la cena Abendessen (107)
cenare zu Abend essen (116)
il cero große Kerze (110)
che cosa c'è? was gibt es? (113)
che ora è? wieviel Uhr ist es? (106)
che ore sono? wieviel Uhr ist es? (100)
che tipo? was für eine Art? (100)
chiudere schließen (100)
il cimitero Friedhof (111)
la coda hier: Autoschlange (110)
il concerto Konzert (108)
continuare fortsetzen (111)
la corsa Rennen (110)
la corsa di cavalli Pferderennen (110)
il corso Haupteinkaufsstraße (104)
corto kurz (110)
il costume Kostüm (110)
credere di sì glauben, daß ja (100)
la cucina Küche (98)

D

davanti vor (105)
destra rechts (100)
dicembre Dezember (111)
di fronte gegenüber (105)
di giorno tagsüber (116)
di mattina morgens, vormittags (116)
di notte nachts (116)
di nuovo wieder (100)

di pomeriggio nachmittags (116)
di sera abends (116)
la dimensione Ausmaß (110)
diverso verschieden (110)
dopo danach (105)
dritto geradeaus (100)

E

l'equitazione Reiten (110)
essere a piedi zu Fuß sein (104)
essere fermo stehenbleiben (106)
essere in gamba gut (drauf) sein (100)
l'estate Sommer (110)

F

fa (un anno fa) vor (vor einem Jahr) (116)
facile leicht, einfach (100)
famoso berühmt (110)
fare bel tempo schönes Wetter sein (110)
fare brutto tempo schlechtes Wetter sein (117)
fare colazione frühstücken (107)
febbraio Februar (110)
fermentare gären (111)
il Ferragosto 15. August (Mariä Himmelfahrt) (110)
la festa Fest (110)
la festa della Befana Dreikönigsfest (110)
la festa del Marinaio Matrosenfest (111)
la festa dei Morti Allerseelen (111)
la festa di Natale Weihnachtsfest (111)
la festa popolare Volksfest (110)
la festa di quartiere Stadtviertelfest (110)
la festa dei Santi Allerheiligen (111)
la festa del vino Weinfest (110)
festeggiare feiern (110)
i fiori Blumen (110)
la foglia Blatt (Baum) (111)
i fuochi d'artificio Feuerwerk (110)

G

gennaio Januar (110)
la gente Leute (110)
già schon (110)
giovedì Donnerstag (109)
girare drehen (100)
giugno Juni (109)
il grado Grad (Temperatur) (98)
gratis kostenlos (110)

I

l'idea Idee (100)
ieri gestern (116)
importante wichtig (110)
incominciare anfangen (107)
indietro zurück (106)
in gamba spitze, erstklassig (100)
iniziare beginnen (110)
innamorato verliebt (110)
in onore zur Ehre (111)
l'inverno Winter (109)

L

il lato Seite (104)
lì dort (100)
il locale Lokal (100)
lontano weit (100)
lungo lang (104)
Lungotevere Tiberpromenade (Kai) (104)
luglio Juli (109)
lunedì Montag (109)

M

ma dai! los!, komm!, hör auf! (100)
la Madonna del Lume Madonna der Lichter (110)

maggio Mai (110)
mancare fehlen (100)
il marinaio Matrose (110)
martedì Dienstag (109)
marzo März (109)
la maschera Maske (110)
massimo höchst (98)
meno wenig (106)
mercoledì Mittwoch (109)
mezza/o halb (106)
mezzanotte Mitternacht (100)
miei meine (100)
mio mein (100)
il modo Art und Weise (110)
il mondo Welt (110)
il mosto Most (111)
la musica dal vivo Live-Musik (100)

N

il Natale Weihnachten (111)
la neve Schnee (111)
nevicare schneien (110)
novello neu (Wein) (111)
novembre November (109)
le nozze Hochzeit (110)

O

ogni jedes (111)
ogni tanto ab und zu (100)
la oliva Olive (111)
l'onore Ehre (111)
l'orologio Uhr (100)
ottobre Oktober (109)

P

il paese Dorf (98)
il paio Paar (104)
la partita a scacchi Schachpartie (111)
la partita di calcio Fußballspiel (110)
Pasqua Ostern (110)
il passante Passant (104)
passato vergangen (116)
la pausa Pause (104)
pazzo verrückt (110)
per um zu (104)
perdere verlieren (100)
pericoloso gefährlich (110)
pesante schwer, dick (110)
il pesce d'aprile Aprilscherz (110)
la pioggia Regen (110)
più alto höher (98)
il politico Politiker (110)
popolare volkstümlich (110)
porca miseria! verdammte Schweinerei! (100)
portare bringen (110)
possibile möglich (100)
il posto Platz (100)
pranzare zu Mittag essen (107)
il pranzo Mittagessen (108)
preciso genau (100)
prendere il nome heißen (110)
prendere in giro sich über jemanden lustig machen (110)
la preposizione di tempo Zeitpräposition (112)
la primavera Frühling (110)
primaverile frühlingshaft (110)
il programma Programm (113)
il programma televisivo Fernsehprogramm (113)
la proposta Vorschlag (100)

Q

quando wenn (100)
il quartiere Stadtviertel (110)
quel jener (100)

R

la raccolta Ernte (111)
il raduno Zusammenkunft (110)
i ragazzi Jungs (100)

il regalo Geschenk (110)
la regata storica historische Regatta (111)
ricominciare wiederanfangen (111)
la riflessione Nachdenken (111)
il rito Ritus (110)
romantico romantisch (111)
rotto kaputt (100)
i rubini Rubine (100)

S

sabato Samstag (100)
San Marco heiliger Markus (110)
San Martino heiliger Martin (111)
il santo Heiliger (111)
sapere wissen (100)
gli scacchi Schach (110)
la scarpa Schuh (104)
lo scherzo Scherz (110)
scoppiare platzen, explodieren (110)
lo scoppio Explosion (110)
lo Scorpione Skorpion (111)
scorso vergangenes (116)
la scuola Schule (111)
scusare entschuldigen (104)
secondo me meiner Meinung nach (100)
settembre September (111)
la sfilata hier: Umzug (110)
si chiude man schließt (100)
la sinagoga Synagoge (104)
sinistra links (100)
sopra auf, über (110)
spettacolare großartig (110)
lo spettacolo Vorführung (110)
squillare klingeln (107)
la stanchezza primaverile Frühjahrsmüdigkeit (110)
la strega Hexe (110)
su auf, über (104)
suonare spielen (100)

T

la temperatura Temperatur (98)
il tempo Zeit, Wetter (104)
tipico hier: eigentümlich (110)
il torneo Turnier (100)
il torneo d'equitazione Reitturnier (110)
tra in (zeitlich) (101)
la traversa Querstraße (100)
troppo caro zu teuer (104)
tutto hier: ganz (110)

U

uguale hier: gleich (98)
uscire hinausgehen (100)

V

variopinto bunt (111)
la vendemmia Weinlese (111)
il vento Wind (110)
il vestito Kleid (111)
la via Straße (100)
vicino nah (100)
la visita Besuch (111)
vivente lebend (110)

Quinto capitolo

Werfen wir zunächst einen Blick auf den Stellenmarkt – in Italien ist es auch nicht leichter als bei uns, einen Job zu finden. Spiff und Marisa, die wir auf Seite 125 und 126 wiedertreffen, sind durch Landesgrenzen getrennt, aber ein Anruf genügt, und Spiff macht sich auf den Weg nach Italien. Auf den Seiten 127 und 129 werden die Pronomi possessivi (Possessivpronomen) vorgestellt und geübt.
Mit dem menschlichen Körper befassen sich die Seiten 130 und 131. Wie es einem gehen kann, der in Liebe fällt, zeigt der Comic auf Seite 132. Das Puzzle auf Seite 133 klärt auf über Verwandtschaftsverhältnisse. Auf der folgenden Doppelseite machen wir uns mit Menschen und Sachen im Schwimmbad vertraut und üben dabei das Possessivpronomen. Auf den Seiten 136 bis 138 prüfen wir mit Tests und Puzzles unsere neuen Grammatik- und Wortschatzkenntnisse.
Spiff, der wieder bei Marisa ist (Seite 139), hat Probleme: Marisa kann sich zwischen ihm und Giorgio nicht entscheiden. Ab Seite 140 folgt wieder das Verzeichnis der Vokabeln zum Kapitel.

OFFERTE DI LAVORO

Stellenangebote

1 OFFERTE DI COLLABORAZIONE

IMPIEGATI 1.1

ABILISSIMA impiegata nubile offresi con passaggio diretto. Telefono 02-34.50.465.

ASSISTENTE controllo gestione 42enne esperta budget magazzini analisi costi P.C. esamina proposte. 02-21.50.725 mattina.

CONTABILITA' generale prima nota personal computer, video scrittura, passaggio diretto, offresi, no studi commercialisti. Telefono 02-25.62.862.

DICIASSETTENNE bella presenza, attestato operatore d'ufficio, offresi primo impiego. Telefonare 02-25.00.984.

DINAMICA 25enne diplomata operatrice turistica, esperienza pluriennale agenzie servizi offresi. Inglese, francese, computer disponibile subito per settore organizzativo preferibilmente turistico. 02-46.41.47.

DIPLOMATO 31enne buon tedesco esperienza vendita acquisti uso EDP. Tel. 02-40.82.053 dalle 19.00.

ESPERIENZA ventennale 48enne pratico, autonomo, gestione contabilità generale, industriale, tenuta registri Iva, bilanci, Budget buona conoscenza paghe contributi, offresi, libero 1° settembre 1989. 02/48.82.976.

VENDITORI E PROMOTORI 1.3

VENTISEIENNE pluriennale esperienza settore vendite, esamina serie proposte di aziende modernamente organizzate per assunzione venditore interno-esterno, indirizzo preferibilmente tecnico. 02-90.20.292.

3 DIRIGENTI PROFESSIONISTI

OFFERTE 3.1

MANAGER esperienza trattative internazionali direttore società estera esamina proposte. Corriere 945-E - 20100 Milano.

COLLABORATORI FAMILIARI 1.6

GIOVANE filippino, anni 34, residente Milano, lunghi anni soggiorno in Italia, ottime referenze, esperienza, patente internazionale, offresi come autista presso privati o società. Telefonare ore pasti: 02-65.59.632, oppure 0332-54.80.43.

PRESTAZIONI TEMPORANEE 1.7

ESPERTO commerciale immagine congressi mercato unico offre collaborazione a termine. Corriere 903-E - 20100 Milano.

ADDETTI PUBBLICI ESERCIZI 2.5

ALBERGO cerca portiere turnante e cameriera ai piani. Telefonare 02-66.91.438.

BARISTA e aiuto barista cercansi, chiusura serale e domenicale. Telefonare 02-90.16.118.

CAMERIERA ai piani hotel residence cerca, esperienza, buono stipendio. Tel. 02-54.64.551.

CAMERIERI e lavapiatti serietà, pulizia, capacità cercansi. Presentarsi R. Sanzio 22, Milano, sig. Benedetti, orario 9-11 - 15.30-18, astenersi incapaci.

CERCASI abile parrucchiere uomo e giovane esperta manicure estetista. Telef. 02-66.98.32.66.

CERCO due camerieri bella presenza, milite esenti; un cuoco massimo 35 anni; un aiuto cuoco. 02-90.19.036 - 90.19.602.

EDICOLA metropolitana Gambara necessita aiutante, piccola cauzione, presentarsi solo esperti.

HOTEL zona P.zza Lima cerca portiere di notte e portiere. Corriere 913-E - 20100 Milano.

Beantworten Sie bitte die folgenden Fragen mit richtig □ oder falsch ○:

Una dinamica operatrice turistica parla diverse lingue? □○
Un giovane filippino cerca un lavoro come medico? □○
Un diplomato non parla tedesco? □○
Un'edicola cerca tre persone? □○

SPIFF E MARISA

Ergänzen Sie bitte die folgenden Sätze:

È una persona ....
Sento ancora presente la sua voce che parla di ....
....
Ciao Marisa che ....
Anch'io ho molta ....
Oh che bello! Ti ....

Richtig □ oder falsch ○?

Spiff non ama scrivere □○
Spiff è triste □○
Lui pensa solo ai fiori □○
Marisa ha nostalgia di Spiff □○

SPIFF E MARISA

Spiff è di nuovo in Germania, dopo una lunga vacanza in Italia. È una persona molto sensibile che ama scrivere nel suo diario i suoi pensieri, le sue voglie, i suoi ricordi, le sue esperienze.
Oggi vediamo che Spiff è un po' triste e se leggiamo quello che sta scrivendo possiamo capire il perché: «Questo è il mio ricordo delle ultime vacanze, dell'ultima primavera in Italia, del profumo dei fiori, della sua pelle nella notte fresca. Ma non penso solo a quei fiori variopinti, a quegli occhi scuri, a quel corpo caldo: non riesco a dimenticare l'improvviso battere dei suoi denti nel silenzio della camera con vista sul mare. Sento ancora presente la sua voce che parla di una clinica, di una lunga malattia nervosa, di un'infanzia infelice. E come dimenticare quell'espressione adesso terrorizzata, adesso calma alla debole luce di una candela? ...»
Trrr Trrr Trrr: il telefono di Spiff squilla nella stanza vicina. Spiff va a rispondere:
– Hallo!
– Ciao Spiff, sono Marisa.
– Ciao Marisa, che piacere sentirti! Come va?
– Così così: mi manchi molto.
– Anch'io ho nostalgia di te. Perché non vieni a trovarmi?
– Per quanto mi riguarda... subito, ma come faccio con il mio lavoro?
– Senti, ho un'idea: riprendo il treno per l'Italia oggi stesso!
– Oh che bello! Ti aspetto a braccia aperte.
– Ciao.

Beantworten Sie bitte die folgenden Fragen:

1. Che cosa scrive Spiff nel suo diario?
2. Spiff ha solo ricordi belli?
3. Che cosa propone Marisa a Spiff?
4. Spiff va in Italia in motocicletta?

PRONOMI POSSESSIVI

Possessivpronomen

la **mia**	il **mio**	le **mie**	i **miei**
la **tua**	il **tuo**	le **tue**	i **tuoi**
la **sua**	il **suo**	le **sue**	i **suoi**
la **nostra**	il **nostro**	le **nostre**	i **nostri**
la **vostra**	il **vostro**	le **vostre**	i **vostri**
la **loro**	il **loro**	le **loro**	i **loro**

Di chi è il libro?
Il libro è di Anna. È **suo**.
Il libro è di Enzo. È **suo**.

Vor dem Possessivpronomen werden folgende Artikel eingesetzt:
Einzahl: **il, la**
Mehrzahl: **i, le**

Bei Worten wie: padre, madre, moglie, marito, fratello, sorella, zio, nonno, nipote, also bei Verwandten, entfällt der Artikel **il, la**.

mio fratello
mia sorella

Attenzione! Zwar wird im Singular vor dem Possessivpronomen kein Artikel verwendet, bei den Pluralformen hingegen sehr wohl:
i miei fratelli
le mie sorelle

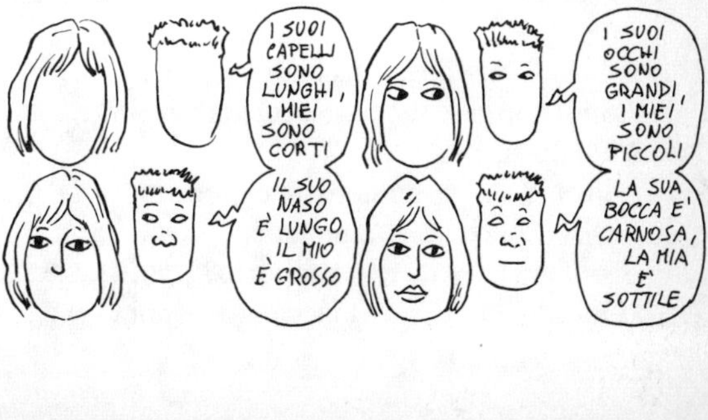

IL PORTAFOGLIO

Die Brieftasche

Fügen Sie bitte die Possessivpronomen ein:

(io) La mia bicicletta è rotta.
(voi) La vostra città è bella.
(io/tu) Il mio portafoglio è vuoto e il tuo?
(loro) Le loro sigarette sono finite.
(lui) Suo figlio si chiama Marco.
(Lei) È sua questa macchina?
(noi) La nostra casa è grande.

Fügen Sie die Possessivpronomen ein, und beantworten Sie die Fragen:

(tu) sono i tuoi questi occhiali? Sì, sono la i miei
(io) Prendiamo la mia macchina? No, prendiamo la tua
(tu) Andiamo a casa tua? Sì, andiamo a casa tua
(noi) Hai il nostro numero di telefono? Sì, abbiamo il vostro.
(loro) Dove sono i loro amici? Loro amici sono dic...
(voi) Come va il nostro rapporto? Il nostro rapporto...
(Lei) Questa è la ...... macchina, Signora? ....

(lui) Come si chiama ...... sorella? ....

(voi) Qual è la ...... lingua? ....

(io-tu) Questa è la ...... storia e la ......? ....

(lei) ...... fratello viene oggi? ....

(Loro) Possono scrivere i ...... nomi qui? ....

Fügen Sie die Possessivpronomen ein, und formulieren Sie die dazu passenden Fragen:

(io) La ...... città è molto rumorosa ....

(lui) Il ...... posto di lavoro è lontano ....

(noi) La ...... idea è bella ....

(Lei) Vorrei il ...... nr. di telefono ....

(loro) Vengono con i .... mariti ....

(lei) Marina dice che i ...... amici partono domani ....

(io) I ...... arrivano domani ....

Ergänzen Sie den Text mit den Possessivpronomen:

Cara Giulia,
le ..... vacanze in Toscana sono finite da tre mesi, lo so, ma non posso dimenticare i ...... occhi verdi, le ..... labbra rosse, i ...... lunghi capelli neri. Ricordo i .... giorni e la ...... notte in riva al mare, la ..... lingua, l'italiano, che non parlo bene come tu sai. Ah, non ti ho ancora domandato come stai. E come sta ..... sorella Irene? Come va il ..... rapporto con Marco? Forse le ...... frasi in questa lettera sono troppo stupide, forse tu non sai più neanche il ..... nome, forse i ...... ricordi non sono così nitidi come i .... Ma i ...... occhi vedono solo il ..... volto.

Aspetto una ..... risposta, ciao, Giulio.

IL CORPO UMANO
Der menschliche Körper

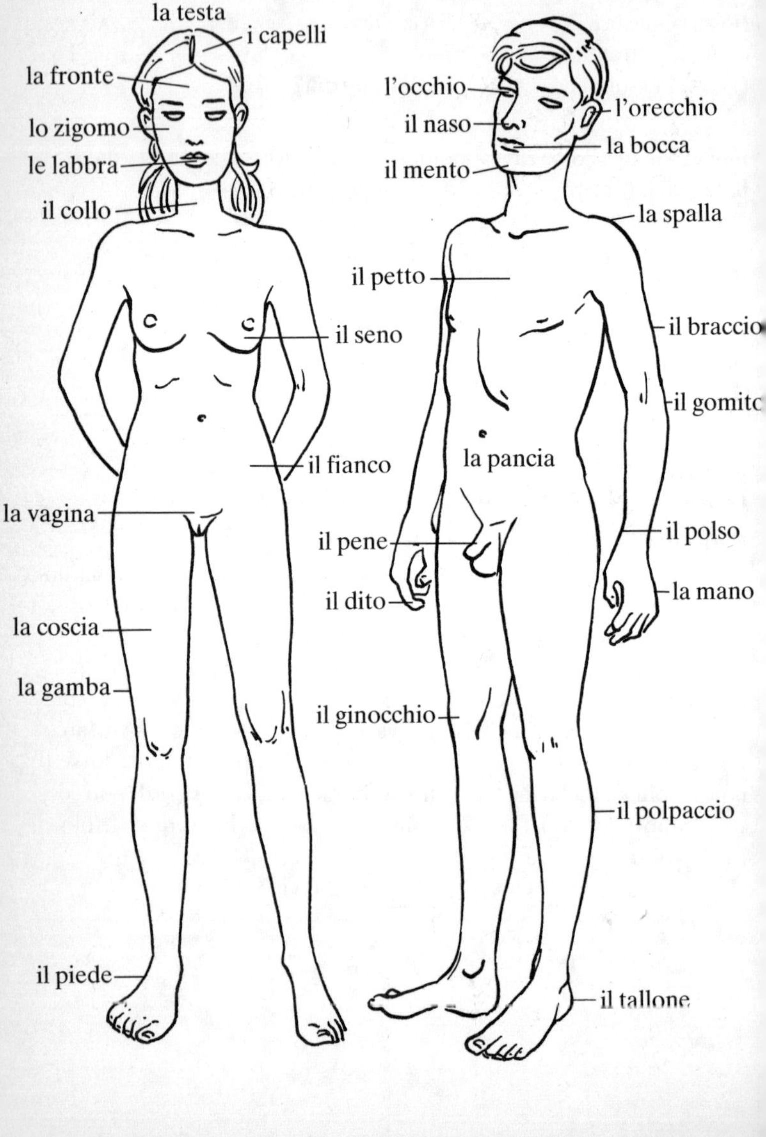

Beschreiben Sie die Körperteile mit den folgenden Verben und Adjektiven:

gli occhi: guardare, osservare, leggere, vedere...
la bocca: baciare, bere, mangiare, parlare...
le orecchie: sentire, ascoltare...
il naso: odorare, starnutire...
le braccia: allargare, stringere, alzare, abbassare...
le dita: indicare, toccare, accarezzare...
le gambe: andare, muoversi, sgranchirsi...
i piedi: correre, camminare...
le mani: afferrare, prendere, lavorare...
la testa: girare, assentire, pensare...

---

grande, piccolo, grasso, blu, verde, azzurro, castano, lungo, grosso, aquilino, liscio, robusto, biondo, nero, corto, forte, affusolato, tornito, storto, dritto, muscoloso, debole, grassoccio, sotile, carnosa, spesso...

la testa: ....
gli occhi: ....
la bocca: ....
le orecchie: ....
il naso: ....
i capelli: ....
le braccia: ....
le dita: ....
le gambe: ....
le mani: ....
i piedi: ....

INNAMORAMENTO

In Liebe gefallen

Beschreiben Sie die einzelnen Comic-Szenen mit Hilfe der folgenden Vokabeln:

il letto, il martello, il lavandino, il bagno, la strada, la fioraia, il mazzetto di fiori, i soldi, il negozio di orologi, lo scaffale, la commessa, l'amore

squillare/suonare, svegliarsi, alzarsi, lavarsi, rompere, camminare, fare una passeggiata, comprare, pagare, guardare, entrare, domandare, regalare, sognare, innamorarsi di, addormentarsi

LA FAMIGLIA

Die Familie

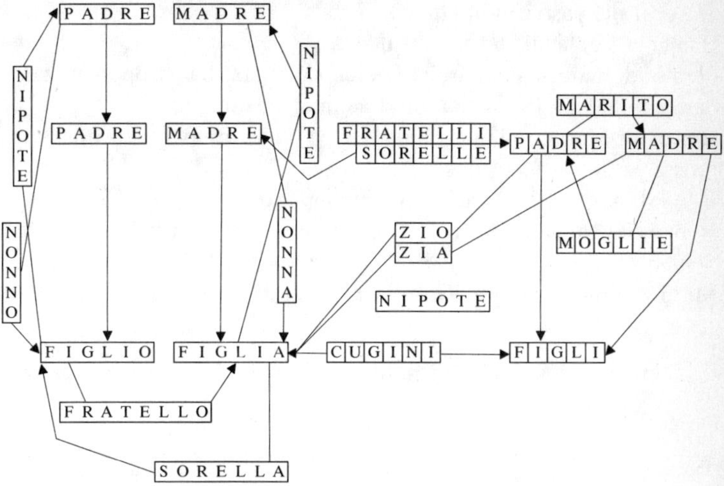

Beantworten Sie folgende Fragen mit Hilfe des Schemas:

1. Chi è il padre del padre? ....
2. Chi è il figlio dello zio? ....
3. Chi è la sorella della madre? ....
4. Chi è il figlio della sorella? ....

IN PISCINA

Im Schwimmbad

Rossi: il suo naso è molto lungo.
Bianchi dice: la mia testa mi fa male.
Sergio: domani va dal barbiere perché la sua barba è troppo lunga.
Sara è un'atleta: i suoi muscoli sono molto sviluppati.
Rosario e Maria: noi mangiamo troppo, le nostre pancie sono troppo grosse.
Renzo è basso: le sue gambe sono troppo corte.
Renzo dice ai suoi amici: Lucio è come Yul Brynner, la sua testa è pelata.
Molti uomini guardano Gabriella e Mara: i loro tanga sono molto sexy.

Erraten Sie anhand der Zeichnung, welche Personen gemeint sind.

1. LA SCALETTA
2. L'OMBRELLONE
3. IL TRAMPOLINO
4. LA SEDIA A SDRAIO
5. LE DOCCE
6. IL TAVOLINETTO
7. LE PINNE
8. L'ACCAPPATOIO
9. I GRADINI
10. IL COSTUME DA BAGNO
11. LA BORSA
12. I SANDALI

) LE CIABATTE
) IL TELO DA BAGNO
) IL SALVAGENTE

(16) LA CUFFIA
(17) IL BAGNINO

PAROLE ED ESPRESSIONI

Vokabeln und Ausdrücke

Welches Wort gehört nicht zur Gruppe? Begründen Sie, warum.

sedia a sdraio   salvagente   ombrellone   portafoglio
la mano   il nonno   l'occhio   il braccio   la gamba
mio   mia   me   miei   mie   tue
lungo   triste   sensibile   profumo   fresco   scuro

Was bedeutet das? Kreuzen Sie eine Lösung an:

Una testa è pelata:

a. è una testa con molti peli ☐
b. è una testa senza capelli ☐
c. è una testa con molti capelli ☐

Una cosa variopinta è:

a. una cosa con molti colori ☐
b. una cosa scura ☐
c. una cosa in bianco e nero ☐

PAROLE E FORME

Wörter und Formen

Orizzontali

1. Una cosa che è di noi è . . .
2. Quando si cammina molto fanno male i . . .
3. Sono sulla testa.
4. Questi libri non sono i nostri, non sono i miei, non sono i tuoi, non sono i suoi, non sono i loro, ma sono i . . .
5. Un quaderno dove si scrive quello che si fa giorno per giorno.
6. Plurale di mio.
7. Senza rumore.
8. Il figlio dello zio è per me mio . . .
9. Dopo il bagno nel mare faccio una . . .
10. Non è la tua ma è la . . .

Verticali

1. Il plurale di testa.
2. Il figlio del figlio o il figlio del fratello è il . . .
3. Le dita delle . . .
4. Il contrario di primo.
5. Sono belli e profumano.
6. La testa e la mano sono parti del . . .
7. È un orologio che suona.
8. Si parla e si mangia con la . . .
9. La madre della madre è la . . .
10. È il fratello del padre o della madre.
11. Singolare di gambe.

QUALE?

Welche?

chi?	wer?	**quanto?**	wieviel?	**dove?**	wo?
che cosa?	was?	**quando?**	wann?	**perché?**	warum?
come?	wie?	**quale?**	welche?		

questo, questa, questi, queste dies, diese
quello, quella, quelli, quelle jenes, jene
quel, quei jenes, jene
lo stesso, la stessa, gli stessi, le stesse dasselbe, dieselben
l'altro, l'altra, gli altri, le altre das andere, die anderen

prendere, mettere, scegliere, cercare, trovare, frequentare, visitare

1. Quale treno prendi? ....
2. Quale vestito metti? ....
3. Quale libro scegli? ....
4. Quale via cerchi? ....
5. Quale corso frequenti? ....
6. Quale persona visiti? ....

di	(von)	quale?
a	(an)	
da	(seit/von)	
in	(in)	
con	(mit)	
su	(auf)	
per	(für)	
tra/fra	(in/zwischen)	

1. Di quale film parli? ....
2. A quale persona pensate? ....
3. Da quale città venite? ....
4. In quale quartiere abiti? ....
5. Con quale treno partiamo? ....
6. Su quale montagna scii? ....

SPIFF

Fünfte Folge

NUOVE PAROLE DEL QUINTO CAPITOLO

Neue Vokabeln

A

abbassare senken, herunterlassen (131)
l'accappatoio Badehandtuch (134)
addormentarsi einschlafen (132)
afferrare ergreifen, fassen (131)
affusolato schmal, schlank (131)
alzarsi aufstehen (132)
l'amore Liebe (132)
aperto offen (125)
aspettare a braccia aperte jemanden mit offenen Armen erwarten (126)
assentire zustimmen (131)
l'atleta Athlet (134)
avere nostalgia sich sehnen (125)

B

il bagnino Bademeister (134)
la barba Vollbart (134)
il barbiere Friseur (134)
basso hier: klein (134)
battere schlagen (126)
la bocca Mund (130)
la borsa Tasche (134)
il braccio Arm (130)
bucato durchlöchert (128)

C

calmo ruhig (126)
la camera Zimmer (126)
camminare laufen, gehen (131)
la candela Kerze (126)
i capelli Haare (130)
carico geladen (128)
carnoso fleischig, hier: voll (Lippen) (127)
cercare suchen (124)
che daß (Relativpronomen) (126)
che piacere sentirti! was für eine Freude, dich zu hören! (126)
le ciabatte Hausschuhe (134)
la clinica Klinik (126)
il collo Hals (130)
come va? wie geht's? (126)
comprare kaufen (132)
il corpo Körper (130)
il corpo umano menschlicher Körper (130)
la coscia Oberschenkel (130)
il costume da bagno Badehose (-anzug) (134)
la cuffia Haube (134)

D

debole schwach (126)
il dente Zahn (126)
il diario Tagebuch (126)
di chi? wessen? (von wem) (127)
dimenticare vergessen (126)
dinamico dynamisch (124)
il dirigente hier: leitender Angestellter (124)
il dito Finger (130)
la doccia Dusche (134)

E

l'esperienza Erfahrung (124)
l'espressione Ausdruck (126)
l'età massima höchstes Alter (124)

F

il fianco Seite (130)
la fioraia Blumenhändlerin (132)
il fratello Bruder (133)
fresco frisch (126)
la fronte Stirn (130)

G

la gamba Bein (130)
il ginocchio Knie (130)
il gomito Ellbogen (130)
grasso dick (131)
la guancia Wange (130)

I

improvviso plötzlich (126)
indicare zeigen, anzeigen (131)
l'infanzia Kindheit (126)
infelice unglücklich (126)
innamorarsi sich verlieben (132)
i suoi hier: ihre Eltern (127)

L

il labbro Lippe (130)
leggere lesen (126)
liscio glatt, eben (131)
il loro ihre (127)
la luce Licht (126)

M

la malattia Krankheit (126)
mancare fehlen (126)
la mano Hand (130)
il mare Meer (126)
il marito Ehemann (127)
il martello Hammer (132)
il mento Kinn (130)
la moglie Ehefrau (129)
il muscolo Muskel (130)
muscoloso muskulös (131)

N

la narice Nasenloch (130)
il naso Nase (130)
neanche nicht einmal, auch nicht (129)
il negozio di orologi Uhrengeschäft (132)
nitido klar, scharf (129)
la nostalgia Sehnsucht (126)
il nostro unser (127)

O

gli occhiali Brille (129)
l'occhio Auge (126)
odorare riechen, beriechen (131)
le offerte di lavoro Arbeitsangebote (124)
l'ombrellone Sonnenschirm (134)
l'operatrice turistica Beschäftigte im Fremdenverkehr (124)
l'orecchio Ohr 130

P

la pancia Bauch (134)
pelato kahl (128)
la pelle Haut (126)
il pelo Körperhaar (130)
il pene Penis (130)
il pensiero Gedanke (126)
per quanto mi riguarda was mich betrifft (126)
il petto Brust (130)
il piede Fuß (130)
le pinne Schwimmflossen (134)
il polpaccio Wade (130)
il polso Puls (130)
il portafoglio Brieftasche (128)
possessivo possessiv (127)
il posto di lavoro Arbeitsplatz (128)
potere können (124)
presente anwesend (126)
presso bei (124)
il professionista Freiberufler (124)
il profumo Parfum (126)
la pupilla Pupille (131)

Q

quello jenes (126)
quello che das was (126)

R

il rapporto Beziehung (129)
la ricerca di collaboratori Mitarbeitersuche (124)
ricordare erinnern (129)
il ricordo Erinnerung (126)
riguardare betreffen (126)
riprendere wiederaufnehmen (126)
riuscire gelingen (126)
la riva Ufer (129)
robusto kräftig (131)
rompere kaputtmachen (132)
rumoroso laut (129)

S

il salvagente Rettungsring (134)
i sandali Sandalen (134)
la scaletta kleine Leiter (134)
se wenn (126)
la sedia a sdraio Liegestuhl (134)
il seno Busen (130)
sensibile empfindlich (126)
sentire fühlen (126)
sgranchirsi sich lockern (131)
il silenzio Stille (126)
la società Gesellschaft (124)
sognare träumen (132)
solo allein (129)
sottile schmal (127)
la spalla Schulter (130)
la stanza Zimmer (126)
starnutire niesen (131)
stesso selbst (126)
la strada Straße (132)
stupido dumm (128)
suo sein/ihr (126)
svegliarsi wecken (132)
sviluppato entwickelt (134)

T

il tallone Ferse (130)
il tavolinetto kleiner Tisch (134)
il telo da bagno Badelaken (134)
terrorizzato terrorisiert (126)
la testa Kopf (128)
il trampolino Trampolin (134)
triste traurig (129)

U

ultimo letzter (126)
un po' ein wenig (126)

V

la vacanza Urlaub (126)
la vagina Vagina (130)
la vista Blick (126)
la vita Leben (128)
la voce Stimme (126)
la voglia Lust (126)
il volto Gesicht (129)
vuoto leer (128)

Z

lo zigomo Jochbein (130)

Sesto capitolo

Um das Briefeschreiben werden Sie nicht ganz herumkommen. Die gängigsten Formeln erfahren Sie auf Seite 144. Auf den Seiten 145 bis 147 sind wir endlich dort, wo es alle hinzieht: am Meer. Dort begegnen wir alten Bekannten, Spiff und Marisa, und erfahren von einem gebrochenen Tabu, dem Nacktbaden.

Auf den Seiten 148 bis 152 geht es um kleine, aber wichtige Wörter, die Preposizioni (Präpositionen): di, a, da, in, con, su, per, tra (fra). Nachdem wir sie ausgiebig geübt haben, begeben wir uns auf Seite 153 auf den Campingplatz. Aber weil die Präpositionen so wichtig sind, befassen wir uns auf den Seiten 154 bis 159 erneut mit ihnen.

Mit dem Urlaub machen wir weiter auf den Seiten 160 bis 163, diesmal in den Bergen, im Regen, auf dem Campingplatz oder im Hotel. Die Puzzles und Tests auf den Seiten 164 bis 167 helfen Ihnen, das Gelernte zu rekapitulieren. Auch Spiff und Marisa, die wir auf Seite 168 wiedertreffen, haben Probleme mit dem Wetter. Und zum Schluß auf den Seiten 169 bis 172 wie immer die neuen Vokabeln.

LETTERE
Briefe

Sig. Massimo Barberini Milano, 2.5.19..
Via Fiasco 28
Asti

Egregio sig. Massimo Barberini,
sono un amico di Suo figlio, che ho conosciuto l'anno scorso a Vignanello durante la Fiera del Vino. Lui mi ha parlato molto della Sua cantina sociale che produce degli ottimi vini. Io ho un'enoteca e così vorrei venire ad Asti per conoscere i vini della Sua cantina sociale. La prego gentilmente di comunicarmi una data che a Lei va bene.

In attesa di una Sua risposta Le porgo
i più cordiali saluti.
Sergio Losbronzo

Sergio Losbronzo
Viale Lucido 69
Milano

Dott.ssa Maria Nonsaniente Taormina, 13.2.19..
Via dell'Ignoranza 158
Paese dei Balocchi

Gentile Dott.ssa Nonsaniente,
rispondo alla Sua del 1.1.19.. per dirLe che sono d'accordo con la Sua proposta.

Voglia gradire i miei più distinti saluti.
Corrado Fineschi

Corrado Fineschi
Via Del Canto 2
Melodia

Beantworten Sie bitte die folgenden Fragen:

1. Dove e quando il signore Losbronzo ha conosciuto il figlio di Barberini?
2. Perché Losbronzo vuole andare ad Asti?
3. Quale data porta la lettera della dottoressa Nonsaniente?

AL MARE

Am Meer

Hören Sie bitte die Aufnahme an, und beurteilen Sie, ob richtig □ oder falsch ○:

1. Marisa e Spiff vogliono dormire sempre in tenda. □○
2. Spiff vuole montare la tenda da solo. □○
3. Non si può fare il bagno nudi. □○
4. Marisa sa nuotare senza le pinne. □○

AL MARE

Am Meer

– Finalmente al mare! – Esclama felice Spiff mentre monta la tenda.
– L'ambiente mi sembra molto bello. – Dice Marisa.
Marisa: Andiamo a fare subito un bagno? Mmm l'odore del sale.
Spiff: Finiamo prima di montare la tenda. Mi puoi dare il martello?
Marisa: Sì, prendi. Domani voglio dormire fino a tardi. Porca miseria! Guarda... che buco che c'è qui, nella tenda.
Spiff: Ma non fa niente, tanto io penso di dormire all'aperto, in spiaggia, sotto le stelle.
Marisa: E se piove?
Spiff: Se piove ci bagniamo, o andiamo in un albergo.
Arriva una terza persona, sui trent'anni:
– Scusate, mi chiamo Saverio, sono uno della direzione del campeggio: posso avere i vostri documenti?
Marisa: Certo. Siete in molti a lavorare in questo campeggio?
Saverio: Siamo una cooperativa di 12 persone, io mi occupo delle cose burocratiche, alcuni del bar, altri di tenere pulito. Se volete partecipare ad una festa, stasera si balla, si suona, si canta e si beve fino a tardi.
Spiff: Volentieri. Dove, qui?
Saverio: Dall'altra parte del campeggio, dietro al bar.
Saverio saluta e va via.
Marisa: Troppo caldo: io mi metto il costume e vado al mare.
Spiff: Brava! Così devo finire di montare la tenda da solo!
Marisa: E fa una pausa anche tu, no?

Spiff: Se riesci a trovare il mio costume, vengo a fare il bagno anch'io.
Marisa: Ma qui non c'è bisogno del costume: non vedi quanta gente prende il sole integralmente?
Spiff: Non mi dire che vai in acqua senza le pinne...
Marisa: Ma non vado al largo, resto vicino alla riva, l'acqua è abbastanza bassa.
Spiff: Al limite, viene a salvarti il bagnino: guarda che fusto!
Marisa: Stupidone!

Beantworten Sie bitte die Fragen:

1. Che cosa vuole fare Marisa?
2. Che cosa propone un gestore del campeggio?
3. Marisa sa nuotare bene?

Improvisieren Sie Gespräche nach dem Muster «Al mare». Machen Sie dann weiter mit den Vorschlägen, die unten aufgeführt sind:

Propongo di andare in vacanza in campagna perché:
– la natura è bella – tranquillità – è sano – fare lunghe passeggiate – andare a cavallo – mangiare cose sane e buone – bere vino buono – aria pulita

Propongo di andare in vacanza in un centro turistico perché:
– l'albergo è di prima categoria – è sul mare – la spiaggia è pulita – la spiaggia è riservata soltanto ai turisti del centro – l'animatore organizza tutto – la sera: discoteca sul mare, bevande esotiche, elezione di Miss Centro turistico

LE PREPOSIZIONI

Die Präpositionen

DI, **A**, **DA**, **IN**, **CON**, **SU**, **PER**, **TRA (FRA)**
sono **preposizioni semplici**.

Tutte le preposizioni possono avere un articolo:

andare **al** cinema **al = a + il**
festa **sui** prati **sui = su + i**
agli amici **agli = a + gli**

preposizione semplice + articolo = **preposizione articolata**

	di	**a**	**da**	**in**	**con**	**su**	**per**	**tra (fra)**
il	del	al	dal	nel	con il	sul	per il	tra il
lo	dello	allo	dallo	nello	con lo	sullo	per lo	tra lo
la	della	alla	dalla	nella	con la	sulla	per la	tra la
i	dei	ai	dai	nei	con i	sui	per i	tra i
gli	degli	agli	dagli	negli	con gli	sugli	per gli	tra gli
le	delle	alle	dalle	nelle	con le	sulle	per le	tra le

LE PREPOSIZIONI

Die Präpositionen

Marietto è una persona molto indecisa. Tutte le cose, anche le meno importanti, diventano per lui grandi problemi. Oggi, per esempio vuole fare una proposta, ma per primo, non sa cosa proporre:

propone **di** andare **al** cinema?
di andare **in** montagna?
di andare **con la** macchina?
di giocare **a** pallone?
di andare **alla** festa **sui** prati?
di andare **a** Parigi **con il** treno **delle** 14?

Quando finalmente decide cosa proporre, non sa bene a chi:

fa la proposta **a** Sandra?
alla sorella?
anche **agli** amici **della** sorella?
ai suoi colleghi?
al suo vicino **di** casa?

I problemi aumentano quando pensa:

faccio la proposta subito?
tra due ore?
fra le 3 e le 4?
per sabato pomeriggio?
nei prossimi giorni?

Wollen Sie Marietto helfen? Machen Sie einen Vorschlag:

....

....

....

....

....

....

....

....

LE PREPOSIZIONI

Die Präpositionen

Setzen Sie die passenden Präpositionen ein.
Schreiben Sie neben die Sätze die richtigen Complementi:

DI

Il mio amico è .... Bologna ....
Gli alberi .... boschi sono malati ....
Gianna è una ragazza .... 16 anni ....
Molti piatti .... cucina italiana sono buoni ....
La vita .... studenti è difficile ....
Questo tavolo è .... plastica ....
I giornali parlano molto .... Perestroika ....
Maria ha una casa .... dieci stanze ....
Giovanni esce .... casa sempre alle 8 ....
Questa statua .... marmo è di Donatello ....
Giulio lavora sempre .... notte ....
L'anno prossimo non andiamo in vacanza ..... estate ....

Complemento di provenienza, specificazione, età, materia, argomento, quantità, moto a luogo, tempo

A

Noi andiamo .... mare ....
Ci vediamo domani ...... università ....
Pranziamo .... 12 ....
Il prosciutto costa 3000 lire .... chilo ....
Prendiamo un piatto di spaghetti .... sugo ....
Abito .... 500 metri dalla stazione ....
Questa macchina va .... 250 chilometri ..... ora ....

Complemento di moto a luogo, stato in luogo, tempo, prezzo, modo, distanza, misura

DA

.... dove vieni? ....
Domani vado .... dottore ....
Queste sono le tazze .... caffè ....
La sala .... pranzo di Maria è elegante ....
Cerchiamo una modella ..... occhi azzurri ....
Aspetto Marco .... 16 ....
Vorrei un gelato .... 2000 lire ....
Lavoro .... mattina .... sera ....
Il direttore dell'albergo ha .... 40 .... 50 anni ....
Complemento di moto da luogo, moto a luogo, fine, qualità, tempo, prezzo, stima

IN

Vado .... treno tutti i giorni ....
Ho un appuntamento .... piazza alle 19 ....
Karina è molto brava .... italiano ....
Vado .... Italia la primavera prossima ....
Calogero ha una casa ... Sicilia e Sepp ha una casa .... Toscana ....
Andiamo ...... Stati Uniti ....
.... bottiglia c'è ancora un po' di vino ....
Complemento di mezzo, stato in luogo, limitazione, moto a luogo, materia

CON

Vado al concerto .... Sandra ....
Faccio questo lavoro .... Paolo ....
Gli studenti non ascoltano sempre ..... attenzione ....
Danilo è un ragazzo .... capelli biondi ....
Non posso parlare .... bocca piena ....
Come va .... lingua italiana? ....
.... estate arriva il caldo ....
Complemento di compagnia e unione, relazione, modo, qualità, causa, limitazione, tempo

SU

Leggo un annuncio .... giornale ....
Facciamo una festa .... terrazzo ....
Peppino ha una casa .... mare ....
Parliamo .... situazione politica ....
Questa casa costa .... cento milioni ....
Le finestre della mia casa guardano .... canale ....

Complemento di stato in luogo, moto a luogo, argomento, stima

PER

Il treno .... Venezia arriva al binario 8 ....
Ci sentiamo .... telefono ....
Sono in Italia .... imparare l'italiano ....
Se vieni domani sera è meglio .... te ....
La situazione .... me è anche troppo chiara ....
Sto male .... freddo ....
.... questa volta non fa niente ....

Complemento di moto a luogo, mezzo, moto per luogo, vantaggio, limitazione, fine, causa

TRA / FRA

La lezione finisce .... dieci minuti ....
Lavoro .... 9 e le 17 ....
Gli Etruschi costruiscono la città .... due fiumi ....
.... 5 chilometri c'è il prossimo ristorante ....
A Sandra piace di stare .... gente ....
Sei il più puntuale .... miei amici ....
È tutto finito .... loro ....

Complemento di tempo, stato in luogo, moto per luogo, compagnia, partitivo, relazione

IN CAMPEGGIO
Auf dem Campingplatz

LE PREPOSIZIONI

Die Präpositionen

TEMPO (Zeit)

di Di notte dormo. Di giorno lavoro.
a Arrivo alle due. Pranzo a mezzogiorno. Parto all'una.

Tempo determinato (zeitliche Festlegung)

in Vengo in estate. Sono nato nel 1955. Ci vediamo nel mese di luglio.
su Ci vediamo sul tardi.
per L'appuntamento è per oggi.

Tempo continuato (zeitliche Dauer)

in Finisco in due settimane.
su Sto in Italia sui 10 giorni.
per Suono per tutto il giorno.

Distanza temporale (zeitlicher Abstand)

da Non parlo italiano da sei anni. Lavoro dalla mattina alla sera.
tra/fra Arrivo tra due ore. Parto tra un mese.

LE PREPOSIZIONI

Die Präpositionen

LUOGO (Ort, Platz)

Stato in luogo (Aufenthaltsort)

a Sono a Roma. Sono a casa. Sono impiegato alla Fiat.
di Dormo di là. Sono di là.
da Sono da persone. Aspetto dal dottore.
in Sto in ufficio. Vivo in paese. Abito in via Cavour. Sono in Italia. Ci incontriamo in piazza. Ho un problema in testa.
su Il libro è sul tavolo. Il dittatore ha il potere sul popolo. È una villa sul mare.
tra È una casa tra gli alberi.

Distanza (Abstand)

a Abito a cento metri dal lago.
fra/tra Tra due chilometri c'è un albergo.

Moto a luogo (Richtung wohin)

di Vado di là.
a Vado a Genova. Vado al cinema.
in Vado in Italia. Vado di città in città. Passeggio in giardino. Cambio marchi in lire. Andiamo di bene in meglio.
su Vado sul terrazzo. Metto il libro sul tavolo. La finestra guarda sul giardino.
per Parto per la Cina.
fra/tra Ritorna tra noi!

Moto da luogo, origine, provenienza (Herkunftsort)

di Esco di casa tardi. Giro di città in città. Sono di Torino. È un giovane della ricca borghesia.
da È Leonardo da Vinci. So questo dai giornali. Vengo da casa. Vengo da Napoli. Vengo da Giovanni.

Moto per luogo (Zielort)

di Passo di qua. Passo di là.
per Passo per Genova. Esco per la porta.
fra/tra Cammino tra la gente.

LE PREPOSIZIONI

Die Präpositionen

MODO (Art und Weise)

di Arrivo di corsa.
a Imparo a memoria. Parlo ad alta voce.
da Ti parlo da amico.
con Ti guardo con amore. Lavoro con interesse.
per Andiamo per ordine: a)... b)... c)...

Distributivo (Verteilung)

a Andiamo a due a due.
su Ci sono cinque malati su cento persone.
per Andiamo in fila per due. Pago il dieci per cento.

Qualità (Beschaffenheit)

di È una persona di grande intelligenza. È un libro di poco interesse. È un bar pieno di gente.
a È una casa a due piani.
da È un uomo dagli occhi verdi.

QUANTITÀ (Menge)

di È una casa di 25 piani.

Partitivo (Teil von)

di Pochi di noi. Mangio della pasta.
tra Sei il più bravo tra gli alunni.

Prezzo, misura (Preis, Maß)

di È un libro di valore. È una nave di due miliardi.
a Vado a cento chilometri all'ora. Costa duemila lire al chilo.
da È una casa da trecento milioni.
per Per quanto vendi la casa?
su Costa sulle cinquemila lire.

Privazione (Mangel)

di I giovani mancano di esperienza.

LE PREPOSIZIONI
Die Präpositionen

CAUSA (Ursache)

di Rido di piacere. Piango di gioia.
a Tossisco alla prima sigaretta.
da Piango dalla gioia.
in Rido nel ricordo di quella sera.
con È difficile dormire con questo rumore.
per Sudo per il caldo.

LIMITAZIONE (Einschränkung)

di Soffro di fegato.
a È bravo a parole.
da Non vede da un occhio.
in È un dottore in filosofia. È bravo in storia.
con Come va con la famiglia?
per Per questa volta vengo.

FINE/SCOPO/FUNZIONE (Ziel/Absicht/Funktion)

di È una cintura di sicurezza.
a Prendo ad esempio. Vado a giocare.
da Faccio da madre. Sala da pranzo. Occhiali da sole. Tazza da caffè.
in Prendo in moglie una tedesca. Mando in regalo.
per Dico per esempio. Lavoro per vivere.

ARGOMENTO (Thema, Gegenstand)

di È un giornale di sport. Parlo di politica.
su Discutiamo sulla grammatica italiana.

LE PREPOSIZIONI

Die Präpositionen

MATERIA (Stoff, Substanz)

di È un tavolo di legno.
in È una scultura in bronzo.

VANTAGGIO / SVANTAGGIO (Vorteil / Nachteil)

a Oggi il vino fa bene alla testa. Domani fa male alla testa.
per Lavoro per i figli.

DENOMINAZIONE / SPECIFICAZIONE (Bezeichnung / Zuordnung)

di Il mese di luglio. La città di Roma.
Il libro di Giorgio. Gli operai della Fiat. Il quadro di Picasso.

COMPAGNIA / UNIONE / RELAZIONE (Gesellschaft / Verbindung / Beziehung)

con Ho un appuntamento con un amico. Vengo con lui. Arrosto con patate.
tra È un gioco tra amici. Non mi piace essere tra di voi.

ETÀ (Alter)

di È un ragazzo di dodici anni.
a È morto a trent'anni.
su È una signora sui quaranta anni.

SEPARAZIONE / ALLONTANAMENTO (Trennung / Abstand)

da Il mare divide la Sardegna dall'Italia.
Non può dividersi da sua moglie.

LE PREPOSIZIONI

Die Präpositionen

PARAGONE (Vergleich)

di Oggi è più affollato di ieri.

PASSIVO (Passivform)

da La sigaretta è fumata da lui.

1. Ci incontriamo .... casa mia .... 12.
2. Che cosa pensi .... proposta ...... Marcello ...... andare .... cinema .... vedere «Anni di Piombo»?
3. La finestra ..... mia stanza dà ...... giardino.
4. Sei contento ..... libro che usiamo .... nostro corso?
5. ...... quale strada passi ..... andare a casa?
6. ..... quanto tempo finisci .... lavorare?
7. In Italia molte persone emigrano ..... sud ..... nord.
8. Mi piace passeggiare .... te .... vie .... centro.
9. Prendi il libro che c'è ..... tavolo, vicino .... portacenere, per favore.
10. Sono stufo ..... fare esercizi .... preposizioni.

IN MONTAGNA

In den Bergen

1. GLI SCI
2. I BASTONCINI
3. I GUANTI
4. IL BERRETTO
5. LE PALLE DI NEVE
6. LA NEVE
7. LO SLITTINO
8. GLI SCARPONI DA SCI
9. LA SCIATRICE
10. GLI ABETI
11. GLI OCCHIALI
12. IL BOB
13. LA PISTA
14. LA VETTA
15. LA FUNIVIA
16. L'ALBERGO
17. IL FUORISTRADA
18. IL PUPAZZO DI NEVE
19. IL MAESTRO DI SCI
20. LO SCIATORE
21. LA BAITA
22. IL RIFUGIO
23. IL SAN BERNARDO
24. IL GHIACCIAIO
25. L'IMPIANTO DI RISALITA

15
22
10
20
13
1
11
21
19
3
18
2
23
8
6

PIOVE

Es regnet

– Accidenti alla pioggia! – Il sacco a pelo è già umido; l'acqua comincia a filtrare nella tenda. – Etciii! Ecco, arriva anche il raffreddore. No, preferisco spendere un po' di più piuttosto che ammalarmi. Vado in albergo. –

L'albergo è lì vicino; la luce dell'insegna al neon filtra l'umidità dell'aria.

Entro; il portiere mi guarda da dietro il suo bancone.

– Una camera singola. – Dico io.

– Con bagno o con doccia? – Mi risponde lui mentre si liscia il suo baffone nero.

«Oh sì, una bella vasca piena d'acqua bollente». Penso io.

– ... e vuole avere pensione completa? – Continua lui.

– Quanto costa? – È la mia risposta.

– 50 mila lire per notte. – Dice lui velocemente, mentre con i suoi occhietti curiosi mi osserva dalla testa ai piedi. Io faccio velocemente i conti: – No, mezza pensione. – Prendo la chiave e vado in camera.

Versuchen Sie, den Text nachzuerzählen:

DOVE ANDIAMO IN VACANZA?

Wo gehen wir in den Ferien hin?

Sind Sie dafür oder dagegen? Begründen Sie, warum, mit Hilfe der unten aufgeführten Argumente:

CAMPEGGIO

Pro	**Contro**
vita all'aperto	rumoroso
contatto con la natura	scomodo
non costa molto	senza bagno
molti giovani	affollato
si può cucinare da soli	troppa polvere
contatti con altre persone	troppo lontano dalla città
dormire in tenda è romantico	non c'è aria condizionata
	quando piove entra l'acqua in tenda.
	pieno di zanzare

ALBERGO

Pro	**Contro**
dormire in un letto	troppo caro
guardare la TV in camera	regole rigide
intimità	non si può dormire sotto le stelle
buoni servizi	nessun contatto con la gente del posto
ambiente fine	si parla soltanto in tedesco
ascensore per salire le scale	non mangi quello che ti va
dal decimo piano si vede di più	ambiente sterile
cucina internazionale	gente noiosa
caffè in terrazza con camerieri interessanti	
discoteca e piscina	

Machen Sie weiter mit dem folgenden Thema:
Vado in vacanza da solo/oppure in compagnia?

Pro	**Contro**
....	....
....	....

VOCABOLI ED ESPRESSIONI

Vokabeln und Ausdrücke

Welches Wort gehört nicht zur Gruppe? Begründen Sie, warum nicht.

suonare dormire cantare ballare bere
nuotare montagna neve sciatore slittino
mare bagnino pinne riva spiaggia tenda
con bagno con doccia singola doppia sacco a pelo

Was bedeutet das? Kreuzen Sie eine Lösung an.

Dormire all'aperto:

a. dormire con la finestra aperta ☐
b. dormire fuori ☐
c. dormire dentro ☐

Raffreddore:

a. tipo di frigorifero ☐
b. tipo di freddo ☐
c. tipo di malattia ☐

Colmo:

a. molto pieno ☐
b. vuoto ☐
c. non pieno, non vuoto ☐

PAROLE E FORME

Wörter und Formen

Orizzontali

1. Da + la =
2. Terza persona di prendere.
3. Un posto con molta acqua.
4. Si fa in acqua.
5. Se piove ci . . .
6. Prendere parte.
7. Un posto con molte stanze.
8. Qui si balla, si parla, si canta, si beve ecc. ecc.
9. Di + lo =
10. Io mangio a mezzogiorno.
11. Arbeit auf Italienisch.

Verticali

1. A + gli =
2. Marietto è . . .
3. Un lavoro al mare.
4. Bevorzugen auf Italienisch.
5. Vado a prendere il sole in . . .
6. Marietto non sa cosa . . .
7. È un posto con molte tende.
8. Spiff dice: – L' . . . mi sembra molto bello.
9. . . . i soldi per un viaggio.
10. Metto la tenda nello . . . e vado in campeggio.

PAROLE E FRASI

Wörter und Sätze

il mare   la tenda   l'ambiente   il bagno   l'odore   il sale
il martello   la spiaggia   la stella   l'albergo   la direzione
il campeggio   il documento   il costume   la pausa   le pinne
la riva   l'acqua   il bagnino   la proposta   la camera

esclamare   montare   sembrare   finire   dare   prendere
dormire   piovere   bagnarsi   occuparsi   tenere pulito
partecipare   ballare   suonare   cantare   mettersi   riuscire
avere bisogno   salvare   proporre

felice   bello   basso   stupido   indeciso   importante   duro
libero   abusivo   umido   singola   bollente   curioso   nero
caro   economico   pieno   vuoto

Verwenden Sie bitte diese Wörter, um Sätze, Dialoge oder Kurzgeschichten zu schreiben oder zu erzählen:

....

....

....

....

....

....

....

....

QUANDO?
Wann?

chi?	wer?	**quanto?**	wieviel?	**dove?**	wo?
che cosa?	was?	**quando?**	wann?	**perché?**	warum?
come?	wie?	**quale?**	welche?		

subito, adesso, ora, più tardi, dopo, poi
tutti i giorni, minuti, ore, secondi, sere, notti, mattine, pomeriggi, settimane, mesi, anni, secoli
ogni giorno, minuto, ora, secondo, sera, notte, mattina, pomeriggio, settimana, mese, anno, secolo
presente, passato, futuro, negli ultimi tempi, all'ultimo minuto, al giorno d'oggi, al momento, dopodomani, tra poco, tra non molto, tutto il giorno, a mezzogiorno, a mezzanotte.

finire, proporre, dormire, partire, cantare, salvare, piovere, occuparsi, partecipare, conoscere, arrivare, fare una pausa, domandare

1. Quando finisce questa storia? ....
2. Quando proponi di andare in vacanza? ....
3. Quando dormite insieme voi due? ....
4. Quando parte il primo treno per Bologna stasera? ....
5. Quando canta Pavarotti alla Scala? ....
6. Quando piove poco ad Amburgo? ....
7. Quando ti occupi del mio problema? ....
8. Quando partecipate al nostro corso? ....
9. Quando pensi a lavorare? ....
10. Quando arriva la Signora Gambetti? ....
11. Quando fanno una pausa per mangiare? ....
12. Quando domandate qualcosa di nuovo? ....

fino a	(bis)	quando?
di	(von)	
da	(ab)	
per	(für)	

SPIFF

Sechste Folge

NUOVE PAROLE DEL SESTO CAPITOLO

Neue Vokabeln

A

abbastanza genug (147)
l'abete Fichte (160)
abusivo illegal (153)
accidenti! verflixt, verdammt (162)
al giorno d'oggi heutzutage (167)
all'aperto im Freien, draußen (146)
al limite hier: und wenn, dann; notfalls (147)
l'alunno Schüler (156)
l'ambiente hier: Platz, Stimmung (146)
ammalarsi erkranken (162)
andare a cavallo reiten (147)
andare in fila per due in Reihen zu zweit gehen (156)
andare per ordine der Reihe nach gehen (156)
l'animatore Animateur (147)
l'argomento Argument (150)
l'aria condizionata Klimaanlage (163)
l'aria pulita saubere Luft (147)
l'ascensore Aufzug (163)
aumentare zunehmen, größer werden (149)
avere bisogno nötig haben, brauchen (147)

B

il baffone dicker Oberlippenbart (162)
bagnarsi naß werden (146)
il bagnino Bademeister (147)
la baita Berghütte (160)
ballare tanzen (146)
basso niedrig (147)
basta genug (153)
il bastoncino Stock (160)
il berretto Mütze (160)
la bevanda Getränk (147)
bisogno notwendig (147)
bollente kochend (162)
la borghesia Bourgeoisie (155)
il buco Loch (146)
burocratico bürokratisch (146)

C

la camera Zimmer (162)
il campeggio Zeltplatz (146)
il canale Kanal (152)
cantare singen (146)
il centro turistico touristischer Ort (147)
la cintura di sicurezza Sicherheitsgurt (157)
la cooperativa Kooperative, Genossenschaft (146)
il costume Badehose, Badeanzug (147)
la cucina Küche (150)
curioso neugierig (162)

D

la data Datum (144)
decidere entscheiden (149)
dietro hinter, hinten (146)
dire sagen (147)
la direzione Richtung (146)
il dittatore Diktator (155)
diventare werden (149)
dividere teilen, trennen (158)
i documenti Papiere (146)
dopodomani übermorgen (167)
dormire schlafen (145)

E

l'elezione Wahl (147)
emigrare auswandern (159)
esclamare ausrufen (146)
esotico exotisch (147)
essere stufo es satt haben (159)
l'età Alter (150)

F

fare i conti abrechnen (162)
fare il bagno baden (145)
il fegato Leber (157)
felice glücklich (146)
filtrare durchdringen (162)
finalmente endlich (146)
il fine Zweck (150)
la funivia Seilbahn (160)
il fuoristrada Geländewagen (160)
il fusto stämmiger Bursche (147)

G

la gente del posto Einheimische (163)
il gestore Geschäftsführer (147)
il ghiacciaio Gletscher (160)
giocare a pallone Fußball spielen (149)
la gioia Glück, Freude (157)
i guanti Handschuhe (160)

I

imparare a memoria auswendig lernen (156)
l'impianto di risalita Liftanlage (160)
indeciso unentschlossen (149)
l'insegna al neon Neonleuchtschild (162)
integralmente hier: auf dem ganzen Körper (147)

L

la lezione Unterricht (152)
la limitazione Einschränkung (151)
lisciarsi glattstreichen (162)

M

il maestro di sci Skilehrer (160)
il marmo Marmor (150)
il martello Hammer (146)
mentre während (146)
mettersi hier: sich anziehen (146)
la mezza pensione Halbpension (162)
montare aufbauen (146)

N

negli ultimi tempi in letzter Zeit (167)
la neve Schnee (160)
nudo nackt (145)
nuotare schwimmen (145)

O

gli occhietti kleine Augen (162)
occuparsi sich beschäftigen, kümmern (146)
l'odore Geruch (146)
l'ombra Schatten (153)

P

la palla di neve Schneeball (160)
la parte Seite (146)
partecipare teilnehmen (146)
la pensione completa Vollpension (162)
per primo zuerst (149)
il piano Stockwerk (156)
il piatto Teller (150)
le pinne Schwimmflossen (145)
piovere regnen (146)
la piscina Schwimmbad (163)
la pista Piste (160)
la plastica Kunststoff (150)

la polvere Staub (163)
il pomeriggio Nachmittag (149)
la porta Tür (155)
portare bringen (144)
il portiere Pförtner (160)
pranzare zu Mittag essen (150)
il prato Wiese (149)
prenotare bestellen (144)
la preposizione Präposition (149)
pretendere verlangen, erwarten (153)
il prezzo Preis (150)
prima erst (146)
provare versuchen (153)
la provenienza Herkunft (150)
pulito sauber (147)
il pupazzo di neve Schneemann (160)

Q

la qualità Eigenschaft, Beschaffenheit (151)
la quantità Menge (150)

R

il raffreddore Erkältung (162)
la regola Regel (163)
il rifugio Schutzhütte (160)
rigido streng (163)
riservato reserviert (147)
riuscire gelingen (147)
la riva Ufer (147)

S

il sacco a pelo Schlafsack (162)
la sala Saal, Zimmer (151)
il sale Salz (146)
salvare retten (147)
sano gesund (147)
sapere bene genau wissen (149)
gli scarponi da sci Skischuhe (160)
gli sci Ski (160)
lo sciatore Skiläufer (160)
la sciatrice Skiläuferin (160)
scomodo ungemütlich (163)
sembrare scheinen (146)
semplice einfach (148)
singolo einzeln (162)
lo slittino (Rodel-)Schlitten (160)
soffrire leiden (157)
soltanto nur (147)
sotto unten (146)
spendere (Geld) ausgeben (162)
la stanza Zimmer (150)
la statua Statue (150)
la stella Stern (146)
lo stupidone Blödmann (147)
sudare schwitzen (157)
suonare spielen (146)

T

tanto hier: sowieso (146)
la tazza Tasse (151)
il tempo Wetter (154)
la tenda Zelt (145)
tenere pulito sauberhalten (146)
il terrazzo Terrasse (155)
tossire husten (157)
tra non molto bald (167)
la tranquillità Ruhe (147)
troppo zuviel (146)
trovare finden (146)
tutte le cose alles (149)

U

l'umidità Feuchtigkeit (162)
umido feucht (162)

V

la vasca Wanne (162)
la vetta Gipfel (160)
il vicino di casa Nachbar (149)
la vita Leben (160)
vuoto leer (159)

Z

la zanzara Mücke (163)

VOCABOLI ED ESPRESSIONI

Vokabeln und Ausdrücke

Associazioni

1. Lesen Sie einer anderen Person die erste Vokabel vor.
2. Diese schreibt auf ein Blatt Papier ein anderes Wort, das sie mit dem genannten assoziiert.
3. Machen Sie dann so weiter mit allen anderen Vokabeln.
4. Nehmen Sie die neue Liste, und lesen Sie eine der (neuen) Vokabeln vor. Die zweite Person muß nun herausfinden, welches die zugehörige ursprüngliche Vokabel war.

Viel Spaß!

1. il mare
2. il bagnino
3. riuscire
4. basso
5. bollente
6. ambiente
7. bagnarsi
8. il campeggio
9. la camera
10. gli occhiali
11. lo sciatore
12. emigrare

Settimo capitolo

Wir beginnen dieses Kapitel mit einer kurzen Geschichte der Commedia dell'arte, einer Form des Theaters, für die Italien berühmt ist (Seite 174). Am Abend treffen sich alle Italiener auf der Piazza, so auch Turi und Spiff, der leider Zoff mit Marisa hat (Seite 175 bis 177). Die zweite wichtige Zeitform, das Passato prossimo (Perfekt), üben wir auf den Seiten 178 bis 181. Die Verwendung dieser Zeitform finden Sie in der Biographie des berühmten Dichters Pirandello auf Seite 182. An Ihnen ist es, sie in einem Text über den Liedermacher Antonello Venditti auf Seite 183 einzusetzen.
Auf den Seiten 185 bis 189 wieder Puzzles und Tests, die das Neugelernte wieder vertiefen helfen. Spiff, der schon einiges mitgemacht hat in Italien, hat wenigstens einen neuen Freund gefunden: Turi (Seite 190). Anschließend dann auf den Seiten 191 bis 192 die neuen Vokabeln des Kapitels.

LA COMMEDIA DELL'ARTE
Die Commedia dell'arte

Le sue origini sono incerte. Si manifesta nella seconda metà del secolo XVI e si sviluppa e muore nei duecento anni successivi. La novità di questo tipo di teatro consiste nella libertà che l'attore ha di improvvisare. Gli elementi della Commedia dell'arte sono tre: l'improvvisazione, i lazzi e le maschere. Nasce così l'attore professionista. La comicità improvvisata si ispira alla realtà di tutti i giorni davanti ad un pubblico sempre diverso. L'improvvisazione, al contrario di quanto molti pensano, deve seguire alcune regole rigide e non permette nessun errore. Improvvisare vuol dire avere qualità comiche individuali e una preparazione teorica completa.
I lazzi sono le moderne «gags» che possono avere una forma verbale, canora, mimica, e di travestimento. Le maschere, cioè il trucco del volto, il vestito con diversi accessori, i difetti fisici hanno creato personaggi con caratteristiche fisse. Contrari a questa forma teatrale sono stati la chiesa ma anche re e altri potenti. Questo però non ha diminuito la sua popolarità, al contrario, essa è diventata famosa anche fuori dell'Italia, in Francia, in Germania, in Inghilterra, in Polonia ed in Russia. I comici italiani così sono diventati famosi in tutta Europa e hanno cominciato ad essere amati da persone molto potenti, regine, re, nobili ecc. Questa è stata la rovina della Commedia dell'arte, perché gli attori si sono arricchiti e si sono stabiliti alle corti dei nobili di tutta Europa e non hanno più viaggiato di città in città. Così senza più impulsi nuovi e con gli attori ormai con le tasche piene di soldi e senza idee nuove da rappresentare ha avuto fine questo periodo teatrale durato due secoli. Negli ultimi anni, in Italia si è avuto un ritorno ed una riscoperta di questo teatro con un attore che è stato definito un fenomeno umano: Dario Fo.
Bitte beantworten Sie die folgenden Fragen
mit richtig □ oder falsch ○:

1. In questo tipo di teatro l'attore non può improvvisare. □○
2. Improvvisare è molto facile. □○
3. La chiesa ed i re sono stati sempre a favore di questa forma teatrale. □○
4. Quando si sono arricchiti gli attori non hanno più viaggiato. □○
5. Negli ultimi anni si è riscoperta la Commedia dell'arte. □○

UNA SERA
Ein Abend

Hören Sie sich den Text an, und kreuzen Sie richtig □ oder falsch ○ an:

1. Turi è stato in trattoria. □○
2. Turi è arrabbiato. □○
3. Turi e Spiff bevono due caffè. □○
4. Marisa non è venuta. □○

UNA SERA
Ein Abend

Come in quasi tutti i paesi italiani, anche a Montefiascone, la sera è il momento in cui molti abitanti, giovani e vecchi, donne e uomini, vanno a passeggiare con i loro migliori vestiti tra la piazza e una delle strade vicine.
Anche Turi è in piazza, davanti alla trattoria «Dal Cacciatore». È già mezz'ora che Turi aspetta Spiff, ma non sembra arrabbiato, forse perché è grande lo spettacolo all'aperto che offre la piazza. Mentre osserva due uomini che gesticolano arriva Spiff.
Spiff: Sei appena arrivato? Ciao.
Turi: Appena arrivato? No, è già da mezz'ora che aspetto, ma non fa niente, si sta bene qui...
Spiff: Ma perché non sei entrato nella trattoria?
Turi: No... ma tu hai mangiato bene e... bevuto molto?
Spiff: Sì, e come! – Risponde Spiff iniziando a ridere –, ...ho mangiato molto bene e ho bevuto un vino molto buono, un vino locale e ah ah ah...
Turi: Sì sì, mi sembri un po' ubriaco.
Spiff: Ubriaco? Io? Mai!
Turi: Andiamo a berci un caffè?
Spiff: Sì, va bene.
Cameriere: I signori desiderano?
Turi: Due caffè ristretti. – Poi rivolto a Spiff. – Ma dov'è Marisa? Non è venuta a mangiare insieme a te?
Spiff: Quella stupida! Abbiamo litigato per una stupidaggine.

Turi: Ma che è successo?

Spiff: Ma niente, io ho detto a lei, così per scherzo: sei ingrassata ultimamente, eh? E lei si è arrabbiata e ha detto che può trovare mille uomini come me... che lei non ha bisogno di me e così via. Ma la capisci?

Turi: Sicuramente il vero motivo è un altro. Hai già raccontato a lei della tua ultima storia dell'altro giorno con Helga?

Spiff: Per carità, mai e poi mai!

Turi: E dove sono andati a finire tutti i tuoi discorsi sul rapporto ideale basato sulla sincerità...

Cameriere: Ecco i caffè.

Bitte beantworten Sie die Fragen:

1. Cosa fanno la sera molti italiani?
2. Turi aspetta da molto tempo?
3. Spiff è ubriaco?
4. Perché Spiff e Marisa hanno litigato?

IL PASSATO PROSSIMO

Das Perfekt

sono appena **arrivato**	**ho mangiato** bene
sei entrato	**ho bevuto** un vino buono
è venuta	**abbiamo litigato**

presente di essere o avere + participio passato = passato prossimo

1. coniugazione:	arriv**are**	=	arriv**ato**
2. coniugazione:	vend**ere**	=	vend**uto**
3. coniugazione:	part**ire**	=	part**ito**

Il participio passato di essere è **stato**
di avere è **avuto**

Il participio passato irregolare

fare	= fatto	decidere	= deciso	vedere	= visto
leggere	= letto	ridere	= riso	chiedere	= chiesto
scrivere	= scritto	prendere	= preso	proporre	= proposto
aprire	= aperto	spendere	= speso	rispondere	= risposto
		chiudere	= chiuso	vivere	= vissuto

Das Passato prossimo drückt eine in der fernen oder jüngsten Vergangenheit abgeschlossene Handlung aus, welche sich bis in die Gegenwart hineinziehen kann.

Beispiel: Sono ritornato a casa adesso ed ora guardo la TV.

IL PASSATO PROSSIMO

Das Perfekt

Wann gebraucht man **essere** und wann **avere**?

essere	con i **verbi riflessivi** (Mi sono lavato) con i **verbi di uso intransitivo** come: andare, cadere, succedere, arrivare, entrare, ecc. e con i verbi: bastare, piacere, mancare

Mit essere bezieht sich das Participio passato auf das Subjekt:

Marco è andat**o** a Roma.	Lisa è andat**a** a Roma.
Enzo e Marco sono andat**i**.	Lisa e Marta sono andat**e**.

avere	con i **verbi di uso transitivo** come: mangiare, bere, pagare, comprare, conoscere, ecc. anche con i verbi: passeggiare, viaggiare, camminare

Mit avere bleibt das Participio passato unverändert:

Dieter ha mangiat**o** spaghetti.	Elena ha mangiat**o** spaghetti.
Dieter e Hans hanno mangiat**o**.	Elena e Isa hanno mangiat**o**.

IL PASSATO PROSSIMO
Das Perfekt

1. Che cosa **hai fatto** ieri?
2. **Hai saputo** della decisione dei Verdi?
3. **Avete** mai **sentito** parlare di Pannella?
4. **Sei** già **stato** in Marocco?
5. **Avete ricevuto** la nostra lettera?
6. Dove **siete stati** in vacanza l'anno scorso?
7. **Hai** mai **mangiato** l'aragosta?

Ergänzen Sie die Sätze im Passato prossimo mit den Verben in Klammern:

1. (tagliarsi, conoscere, invitare)
   Ieri Sergio .... i capelli e la barba. Ieri sera è andato in una trattoria lì .... una ragazza e lei lo .... a casa a vedere la sua collezione di francobolli.
2. (passare, essere, mangiare)
   Paola .... gli ultimi due giorni a letto perché .... male ed .... pochissimo, adesso però sta bene di nuovo.
3. (suonare, vedere, piacere)
   Ieri i Rolling Stones .... a Milano. Io .... il concerto in televisione e mi .... molto.
4. (ricevere, partire, telefonare, chiudere, dormire)
   Io non .... nessuna lettera da te! Da quando .... (tu) non .... più .... ed io non .... più occhio e la notte (io) .... molto male!
5. (fare, venire, andare)
   Giovanni e Luigi .... una festa ma .... poche persone perché tutti i loro amici .... in vacanza.
6. (leggere, telefonare, parlare, trovare)
   Monica cerca un lavoro. Ieri .... un annuncio interessante sul giornale ed .... subito. Al telefono .... con un'impiegata molto simpatica e ha un appuntamento per la prossima settimana: forse .... un nuovo lavoro.

Die Verben **potere**, **dovere**, **volere** bilden das Passato prossimo mit **avere**.
Ma attenzione:

sono dovuto andare dal dottore — denn: sono andato
mi sono potuto riposare molto — denn: mi sono riposato
ho voluto mangiare al ristorante — denn: ho mangiato

Wandeln Sie bitte die Verben in Klammern in das Passato prossimo um:

1. (dovere) Noi .... aspettare 2 ore il treno.
2. (potere) Cinzia non .... venire a teatro con me.
3. (volere) Gianna e Carla .... restare a casa.
4. (potere) Tu e Franco non .... andare alla festa di Paolo.
5. (potere) Io non .... fare in tempo.
6. (volere) Io e Marco .... partire subito.
7. (dovere) (Tu) .... lavorare anche sabato e domenica?

Lesen Sie den Text, und wandeln Sie die Sätze in das Passato prossimo um:

Oggi ho molto da fare e così rimango fuori tutto il giorno.
Stamattina devo andare all'ufficio di collocamento, sperando di trovare un lavoro.
Poi devo cercare mio fratello per farmi prestare dei soldi. Devo prendere il tram numero 16 e dopo quattro fermate scendo per prendere il numero 22.
Dopo mangio un panino e bevo un'aranciata in un bar.
Alle 16.00 ritiro due libri dalla biblioteca e poi, finalmente, posso ritornare a casa.

LUIGI PIRANDELLO, POETA

Luigi Pirandello, Dichter

Luigi Pirandello è nato il 28 giugno 1867. A dodici anni ha scritto una tragedia in cinque atti che ha rappresentato insieme alle sue sorelle ed alcuni amici. Nel 1887 si è trasferito a Roma e si è iscritto all'università. Due anni dopo nel 1889 ha pubblicato una raccolta di poesie dal titolo «Mal Giocando». Da Roma si è trasferito a Bonn dove ha scritto le liriche raccolte in Elegie Renane e Pasqua di Gea. Il 21 marzo 1891 si è laureato nella città tedesca con una tesi sui dialetti greco-siculi. Il 27 gennaio 1884 si è sposato ad Agrigento con Maria Antonietta Postulano. Tra il 1885 e il 1889 sono nati i suoi tre figli, Stefano, Lietta e Fausto. Dal 1897 al 1902 ha scritto e pubblicato diverse opere, tra cui anche il suo primo testo teatrale «L'Epilogo». Nel 1904 ha scritto «Il Fu Mattia Pascal», subito tradotto in varie lingue. Nel 1908 è stato nominato ordinario ed ha iniziato ad insegnare italiano e tedesco. Verso la fine del 1910 sono state rappresentate a Roma due sue opere, «La Mora» e «Lumìe di Sicilia». Tra il 1912 e il 1915 ha scritto una cinquantina di novelle tra le quali Berecca e La Guerra». Con le commedie «Così è» (Se Vi Pare), «Il Berretto a Sonagli», «La Giara» e «Il piacere dell'Onestà» scritte nel 1917, ha realizzato il passaggio dal Verismo all'arte propria pirandelliana. Nel 1921, in seguito alla rappresentazione di «Sei Personaggi In Cerca D'Autore», tra l'altro rappresentati anche a Londra ed a New York ha provocato contrasti fra pubblico e critici italiani. Dal 1923 al 1930 ha lavorato intensamente ed in questo periodo ha scritto molte delle sue opere divenute poi molto famose, fra cui troviamo «L'Uomo dal Fiore In Bocca», «Come Tu Mi Vuoi», «Questa Sera Si Recita A Soggetto» e «Uno Nessuno Centomila». Nel 1926 fonda a Roma il Teatro D'Arte. Il successo internazionale lo porta a viaggiare moltissimo ed il 9 novembre 1934 riceve a Stoccolma il premio Nobel per la letteratura. Due anni dopo nel dicembre del 1936 è morto.

Bitte beantworten Sie die Fragen:

1. Quando è nato Luigi Pirandello?
2. Che cosa ha fatto a dodici anni?
3. Che cosa è l'Epilogo?
4. Il 9 novembre 1934 è stato un giorno importante per Pirandello?

ANTONELLO VENDITTI, CANTAUTORE

Antonello Venditti, Liedermacher

Ergänzen Sie den Text über Venditti mit Hilfe der angegebenen Verben:

Verben, die das Passato prossimo regelmäßig bilden: frequentare, esibirsi, cantare, considerare, pubblicare, trattare, avere, accusare, finire, caratterizzare.

Verben, die das Passato prossimo unregelmäßig bilden: nascere/nato, imporsi/imposto, produrre/prodotto, accogliere/accolto, raggiungere/raggiunto, rispondere/risposto, morire/morto.

Antonello Venditti .... a Roma. Durante gli anni sessanta fino agli inizi dei settanta .... il leggendario Folkstudio a Roma dove .... insieme ad altri cantautori. Al grande pubblico italiano .... con il pezzo «Roma Capoccia» .... in dialetto romano. Venditti .... un cantautore impegnato, le sue canzoni parlano di ingiustizie sociali e di rivoluzione. Nel 1972 .... il suo primo disco con un altro cantautore Francesco De Gregori. Nel 1975 .... un nuovo lavoro dal titolo «Lilly». Con questo disco Venditti .... per primo in Italia il dramma dell'eroina attraverso una canzone. Questo album .... grosso successo ed .... grandi vendite. Nel 1978 .... «Sotto il segno dei pesci». La critica non .... con favore questa «svolta» di Venditti e lo .... di avere .... qualcosa di commerciale. Venditti .... che gli anni settanta .... e che il periodo delle canzoni di protesta .... Milioni di dischi venduti anche in Francia, Germania e Grecia .... l'attività artistica di questo cantautore negli anni ottanta.

Schreiben Sie Ihren Lebenslauf!

PERSONAGGI FAMOSI

Berühmte Persönlichkeiten

Giovanni Giacomo Casanova

Sophia Loren

Federico Fellini

Claudia Cardinale

Niccolò Machiavelli

Enrico Caruso

Lesen Sie die biographischen Notizen, und finden Sie heraus, welche Person jeweils gemeint ist:

...... 5.4.1939. Attrice interprete di moltissimi film: Rocco e i suoi fratelli, Il Gattopardo.
...... 7.2.1873–2.8.1921. Maestro del bel canto (tenore), cantante di opera. Attore di grande talento e caricaturista.
...... 20.1.1920. Regista e autore di copioni cinematografici. Uno dei maestri del cinema italiano degli ultimi quarant' anni. Ha realizzato moltissimi film dal neorealismo fino ad oggi.
...... 20.9.1934. Attrice. Ha cominciato a lavorare nel cinema nel 1950. Insieme alla Lollobrigida rappresenta la classica donna italiana.
...... 2.4.1725–4.6.1798. Avventuriero e scrittore italiano. Grande seduttore e rubacuori. Il più famoso tra i playboy di tutti i tempi.
...... 3.5.1469–22.6.1527. Politico fiorentino, storico, studioso e fondatore della moderna politica. Inventore della «ragione di stato».

Beantworten Sie die Fragen:

1. Quando è nata Claudia Cardinale?
2. Machiavelli è stato un famoso playboy?
3. Come si chiama l'attrice nata il 20.9.1934?

PAROLE ED ESPRESSIONI

Wörter und Ausdrücke

Welches Wort gehört nicht zur Gruppe? Begründen Sie, warum nicht:

andato venuto arrivato passeggiato
viaggiato letto fatto partito
scritto deciso preso bevuto speso
potuto dovuto voluto mangiato

Was bedeutet der Satz? Kreuzen Sie eine Lösung an:

Ho bevuto un caffè ristretto:

a. Ho bevuto un caffè con poca acqua. ☐
b. Ho bevuto un caffè in una tazza piccola. ☐
c. Ho bevuto un caffè velocemente. ☐

litigare:

a. andare d'accordo ☐
b. non andare d'accordo ☐
c. capirsi perfettamente ☐

Lesen Sie den Text, und raten Sie, wie die Person heißt:

È nato a Modena il 18 febbraio 1898. Dopo la prima guerra mondiale è diventato pilota dell'Alfa Romeo. Ha vissuto a Modena tra il 1929 e il 1938. Nel 1939 ha cominciato la sua attività di costruttore di automobili e subito dopo una sua macchina ha partecipato alla famosa corsa, Mille Miglia. Così è cominciata una leggenda che ha affascinato e affascina i fans di automobilismo in tutto il mondo.

Come si chiama questa persona? ....

PAROLE E FORME

Wörter und Formen

Orizzontali

1. Participio passato di proporre.
2. Participio passato di scendere.
3. Participio passato di credere.
4. Per mangiare in un ristorante si deve ... al cameriere.
5. Un luogo dove si può comprare.
6. Sceso è il suo participio passato.
7. Il contrario di no.
8. Il contrario di sì.
9. I verbi non regolari sono ...
10. Raccontare ...

Verticali

1. Proposto è un ...
2. Un uomo che ha molti soldi è ...
3. Vive nel mare.
4. Il contrario di presto.
5. Il sostantivo di ordinare.
6. Gelingen.
7. Una preposizione.
8. Mangiare di sera.
9. Il contrario di tutto.
10. Una parte del giorno.

PAROLE E FRASI

Wörter und Sätze

il paese il momento la sera il vestito la piazza la strada
lo spettacolo la trattoria il vino la stupidaggine lo scherzo
il motivo il discorso il rapporto la sincerità l'estate

passeggiare aspettare offrire osservare gesticolare
arrivare entrare mangiare bere ridere iniziare desiderare
rivolgersi litigare succedere arrabbiarsi trovare imprecare
ingrassare capire viaggiare decidere ricevere spendere
sperare

tutto giovane vecchio arrabbiato grande ubriaco altro
ideale scorso interessante poco bello brutto buono

Verwenden Sie bitte diese Wörter, um Sätze, Dialoge oder Kurzgeschichten zu schreiben oder zu erzählen:

....

....

....

....

....

....

....

....

....

DOVE?

Wo?

chi?	wer?	**quanto?**	wieviel?	**dove?**	wo?
che cosa?	was?	**quando?**	wann?	**perché?**	warum?
come?	wie?	**quale?**	welche?		

a destra   a sinistra   lì/là   qui/qua   vicino a   lontano da   di fronte   dietro a   davanti a   all'aperto   fuori   dall'altra parte   al largo

in:	nel	nello	nella	nei	negli	nelle
su:	sul	sullo	sulla	sui	sugli	sulle
da:	dal	dallo	dalla	dai	dagli	dalle
a:	al	allo	alla	ai	agli	alle
tra:	tra il	tra lo	tra la	tra i	tra gli	tra le

piazza   cinema   televisione   teatro   festa   casa   concerto   Roma   giornale   ufficio di collocamento   vacanza   bar   biblioteca   mare   ristorante   corsa   montagna   prati   paese   trattoria   negozio   stazione   città   edicola   lago   spiaggia   Toscana   letto   mano   testa   labbra   piscina   tenda   albergo   camera   locale   riva

andare a finire   aspettare   dormire   fare colazione   abitare   vivere   scrivere   esibirsi   ubriacarsi   suonare   trovare   sentire   morire   nascere   sposarsi   conoscersi   mettere   vedere

Dove hai sentito questa notizia? ....
Dove ci avete aspettato? ....
Dove hai visto il film di Fellini? ....
Dove sei andata in vacanza? ....
Dove ti sei ubriacato ieri sera? ....
Dove hanno suonato i Rolling Stones? ....
Dove hai conosciuto questo italiano? ....
Dove hai messo le mani? ....

Dove sono andati a finire i miei soldi? ....
Dove si sono esibiti Zucchero e Gianna Nannini? ....
Dove hanno fatto colazione i signori? ....
Dove è morto Pirandello? ....
Dove vi siete sposati? ....
Dove hai trovato questo libro? ....
Dove è nata Lei, signora? ....
Dove è scritto che non si può? ....
Dove hai abitato a Roma? ....
Dove hai dormito stanotte? ....

da (von) per (hin)	}	dove?

1. Da dove telefoni? ....
2. Da dove hai scritto questa cartolina? ....
3. Da dove vengono tutte queste persone? ....
4. Per dove si va? ....

SPIFF

Siebte Folge

NUOVE PAROLE DEL SETTIMO CAPITOLO

Neue Vokabeln

A

l'abitante Einwohner (176)
accogliere empfangen (183)
accusare beschuldigen (183)
affascinare bezaubern (185)
all'aperto im Freien (176)
appena kaum, erst, gerade (176)
l'aragosta Hummer (180)
arricchirsi reich werden (174)
attraverso durch (183)
avere bisogno brauchen (177)
l'avventuriero Abenteurer (184)

B

basato gestutzt (177)
bastare genügen (179)

C

il cantautore Liedermacher (183)
il caricaturista Karikaturist (184)
la chiesa Kirche (174)
la collezione di francobolli Briefmarkensammlung (180)
considerare ansehen (183)
il copione Drehbuch (184)
il costruttore Erbauer (185)

D

decidere entscheiden (178)
desiderare wünschen (176)
di fronte gegenüber (188)
il discorso Rede (177)
divenire werden (182)
durante während (183)

E

esibirsi auftreten (183)
essere a favore dafür sein (174)

F

famoso berühmt (185)
farsi prestare sich leihen lassen (181)
la fermata Haltestelle (181)
frequentare besuchen (183)

G

gesticolare gestikulieren (176)
la guerra Krieg (182)

I

impegnato engagiert (183)
imporsi sich durchsetzen (183)
improvvisare improvisieren (174)
l'ingiustizia Ungerechtigkeit (183)
ingrassare dick werden (177)
iniziare beginnen (176)
l'inventore Erfinder (184)
invitare einladen (180)
iscriversi sich anmelden (182)

L

laurearsi promovieren (182)
la leggenda Sage (185)
leggendario sagenhaft (183)
litigare streiten (176)
locale örtlich (176)

M

mancare fehlen (179)
migliore besser (176)
morire sterben (183)
il motivo Grund (177)

N

nascere geboren werden (182)
nominare ernennen (182)
la novella Novelle (182)

O

osservare betrachten (176)

P

per carità um Gottes willen (177)
il pezzo Stück (183)
la protesta Protest (183)
pubblicare veröffentlichen (182)

R

la raccolta Sammlung (182)
raccontare erzählen (177)
il rapporto Beziehung (177)
rappresentare darstellen (182)
realizzare verwirklichen (182)
ricevere erhalten (180)
ridere lachen (176)
rimanere bleiben (181)
riscoprire wiederentdecken (174)
ristretto kurz (176)
ritirare abholen (181)
rivolgersi sich wenden (176)
il rubacuori Herzensbrecher (184)

S

lo scherzo Scherz (177)
scorso vergangen (180)
il secolo Jahrhundert (174)
il seduttore Verführer (184)
sembrare scheinen (176)
sicuramente sicherlich (177)
la sincerità Ehrlichkeit (177)
lo spettacolo Spektakel, Aufführung (176)
sposarsi heiraten (182)
la stupidaggine Dummheit (176)
stupido dumm (176)
succedere geschehen (177)
il successo Erfolg (183)
la svolta Wende (183)

T

tagliarsi sich schneiden (180)
tra cui darunter (182)
tradurre übersetzen (182)
la tragedia Tragödie (182)
trattare handeln (183)
la trattoria Gastwirtschaft (175)

U

ubriaco besoffen (176)
l'ufficio di collocamento Arbeitsamt (181)

V

vivere leben (178)

Ottavo capitolo

Rom hat bekanntlich viele Facetten. Sie finden auf Seite 194 einen winzigen Bruchteil davon. Auf den Seiten 196 bis 197 begegnen wir Marisa und Giorgio – am Tag danach, einem Sonntag. In diesem Text tauchen die Forme riflessive (Reflexivformen) auf, die auf den Seiten 198 und 199 zum Thema grammatikalischer Übungen und Tests werden.
Auf den Seiten 200 und 201 beschäftigt uns die Frage: Wo ist...?, Wo findet sich...? Dabei tauchen die Avverbi di luogo (Ortsadverbien) auf, deren richtige Verwendung die Übersicht auf Seite 202 beschreibt. Wo man in der Wohnung was wohin stellt, können Sie auf Seite 203 üben.
Mit dem Einkaufen beschäftigen wir uns auf den Seiten 204 bis 206. Dabei begegnen wir zuerst Marietto, der sich wieder einmal nicht entscheiden kann.
Puzzles und Tests zum Überprüfen des Gelernten auf den Seiten 207 bis 210, und dann wieder Spiff, der sein Leben gründlich verändert: Nachdem sich Marisa mehr für Giorgio interessiert, erobert Spiff zusammen mit zwei außergewöhnlichen Freunden Italien. Auf den Seiten 212 bis 214 die neuen Vokabeln des Kapitels.

ROMA
Rom

Per scrivere o parlare di Roma, anche solo in parte, non sono sufficienti intere enciclopedie. Vogliamo citare soltanto alcuni posti famosi di questa città conosciuti in tutto il mondo.

Il Vaticano: Da circa 600 anni è la residenza dei Papi. A San Pietro, costruito nel 1377, si sono susseguiti 265 pontefici. La città del Vaticano è uno Stato sovrano ed indipendente. Piazza San Pietro è larga 240 metri e lunga 340, al centro si trova un obelisco egiziano alto 25 metri. La Cappella Sistina è stata costruita nel 1470 e nel 1512 Michelangelo termina gli affreschi sul soffitto.
Castel Sant'Angelo: Fatto costruire dall'imperatore romano, Elio Adriano, oggi è un museo.
Colosseo: Anfiteatro di grandi dimensioni, finito di costruire nell'80 d. C. (dopo Cristo). Il suo vero nome è Anfiteatro Flavio. Anticamente poteva contenere più di 50000 persone.
Foro Romano: È il posto più famoso dell'antica Roma. Qui ha avuto luogo la vita pubblica era inoltre la piazza per i comizi, le feste, le cerimonie. Nel 283 è stato danneggiato da un incendio, restaurato poi dall'imperatore Diocleziano è in decadenza, come tutta la città romana, dal IV secolo.
Trinità dei Monti: La scalinata più bella del mondo è stata costruita nel 1722. In cima ad essa si trova l'omonima chiesa con le due cupole del 1495. Sotto, si può vedere una grandiosa fontana del Bernini.
Panteon: Fra tutti i monumenti classici rimasti a Roma è il più perfetto. Custodisce le tombe di Raffaello e dei re d'Italia. La sua piazza è un punto d'incontro modano dei giovani romani di oggi.
Piazza Navona: È una delle piazze più grandi di Roma. Tre fontane abbelliscono l'ambiente, quella centrale è la più grande, è ornata da quattro statue che rappresentano il Danubio, il Nilo, il Gange, e il Rio della Plata.
Fontana di Trevi: Tutti coloro che vogliono ritornare a Roma, secondo una vecchia tradizione, devono gettare una monetina nella Fontana di Trevi oppure bere le sue acque. Costruita dall'architetto Salvi nel 1735 è stata decorata da diversi artisti della scuola del Bernini.

Beantworten Sie folgende Fragen:

1. Quando ha terminato Michelangelo la Cappella Sistina?
2. Quanti papi ci sono stati a S. Pietro?
3. Che cosa ha fatto costruire l'imperatore Elio Adriano?
4. Il Colosseo è stato costruito nell'80 a. C. (avanti Cristo)?
5. Che cosa ha avuto luogo anticamente al Foro?
6. Trinità dei Monti: dove si trova la fontana del Bernini?
7. Che cosa è oggi la piazza del Panteon?
8. Che cosa rappresentano le quattro statue della fontana centrale?
9. Perché molti turisti gettano una monetina nella Fontana di Trevi?

UNA DOMENICA
Ein Sonntag

Hören Sie die Aufnahme an, und kreuzen Sie richtig □ oder falsch ○ an:

1. Stamattina Marisa si è svegliata presto. □○
2. Giorgio è arrabbiato perché ieri sera è andato con Marisa. □○
3. Giorgio cucina tutti i giorni. □○
4. La cucina di Giorgio è sporca. □○

UNA DOMENICA
Ein Sonntag

Oggi è domenica e Marisa non lavora.
Stamattina si è svegliata tardi perché ieri sera si è addormentata alle tre. Anche Giorgio si è alzato a mezzogiorno, ma lui non sa che è mezzogiorno ed è un po' arrabbiato perché non trova il suo orologio. Mentre si alza vede i suoi vestiti sul pavimento e si ricorda della sera prima in una pensione vicina alla stazione, con Marisa... «Forse ieri sera ho dimenticato l'orologio... può essere! Forse mi è caduto sotto il letto!» Pensa. Marisa, invece sa esattamente che ora è, perché ha accanto al letto la sua sveglia, il suo orologio e quello di Giorgio! Marisa non si dimentica della fretta avuta nel cercare i loro vestiti sotto il letto, dietro al sofà, accanto al lavandino eccetera, eccetera. Mentre pensa a questo entra sua sorella Francesca che dice: – Ehi, dormigliona, vieni a tavola?! Il pranzo è quasi pronto. –
– Sì, arrivo subito, anche se a dir la verità non ho fame e vorrei solo un cappuccino! – Risponde Marisa. – Fa come vuoi! – Dice Francesca richiudendo la porta.
Giorgio non ha questi problemi: lui abita da solo e può mangiare quando vuole... se cucina.
Infatti molto spesso va nella pizzeria di fronte a casa sua, ma oggi è domenica ed è chiusa. «Oggi cucino!» Dice tra sé e va a guardare nel frigorifero. La sua cucina è molto piccola, è stretta e lunga: subito dopo la porta c'è un piccolo tavolino, accanto a questo c'è il frigorifero ricoperto da piatti sporchi, poi una cucina a gas seguita dal lavandino pieno di bicchieri e posate... sporche, «Non ho voglia di fare tutto questo lavoro: lavare, cucinare e... no, vado a mangiare fuori!» Pensa Giorgio dirigendosi velocemente verso la porta.

Beantworten Sie bitte die Fragen:

1. Perché si è svegliata tardi Marisa?
2. Di che cosa si ricorda Giorgio?
3. Che cosa non dimentica Marisa?
4. Dove cerca i vestiti Marisa?
5. Dov'è la pizzeria?
6. Com'è la cucina di Giorgio?
7. Cosa pensa Giorgio mentre si dirige verso la porta?

LE FORME RIFLESSIVE

Die Reflexivformen

Forma riflessiva propria

Mit «eigentlicher Reflexivform» ist jede Konstruktion gemeint, bei der das Subjekt mit dem Objekt des gleichen Satzes übereinstimmt: Die Handlung, die das reflexive Verb ausdrückt, bezieht sich auf das gleiche Subjekt:

Io mi vesto = io vesto me stesso
Lui si guarda = Lui guarda se stesso

In diesen beiden Beispielen sind Subjekt und Objekt die gleiche Person: Io mi vesto (Ich ziehe mich an – mich selbst). Lui si guarda (Er schaut sich an – sich selbst). Das Objekt der reflexiven Verben besteht aus den Personalpronomen: mi, ti, si, ci, vi, si.

Attenzione: Nur einige transitive Verben können als reflexive Verben benutzt werden.

Forma riflessiva apparente

Io mi lavo la faccia.

In diesem Fall bedeutet das Partikel «mi» nicht «me» (mich), sondern «a me» (mir), und das Subjekt «io» stimmt nicht mit dem Objekt «la faccia» überein – die Form ist «scheinreflexiv».

Um Mißverständnisse zu vermeiden, ist es angebracht, Wendungen hinzuzufügen wie:
fra di loro (untereinander)
a vicenda (gegenseitig)
l'un l'altro (der eine dem anderen)

LE FORME RIFLESSIVE

Die Reflexivformen

Bitte setzen Sie das reflexive Verb ein:

1. (svegliarsi) Paola e Donatella .... presto.
2. (conoscersi) Loro .... da tre anni.
3. (chiamarsi) Tu .... Alfred?
4. (incontrarsi) Noi .... tutti i venerdì.
5. (vedersi) Voi .... spesso?
6. (sentirsi) Io non .... bene.
7. (accarezzarsi) Lui .... con dolcezza.

Gebrauchen Sie die folgenden Verben, um Ihren Tageslauf zu beschreiben:

svegliarsi, alzarsi, lavarsi, vestirsi, divertirsi, annoiarsi, incontrarsi, arrabbiarsi, stancarsi, riposarsi, addormentarsi.

....
....
....
....
....
....
....
....
....
....
....
....
....
....
....
....
....
....
....
....

DOV'È / DOVE SI TROVA...?

Wo ist...?

Dov'è la sedia?	La sedia è davanti al cubo.
Dov'è il ragazzo?	Il ragazzo è dietro al cubo.
Dov'è il gatto?	Il gatto è sopra il cubo.
Dov'è il tappeto?	Il tappeto è sotto il cubo.
Dov'è l'atlante?	L'atlante è accanto al cubo.

Arbeiten Sie weiter mit anderen Gegenständen, und üben Sie auch die Negationsform, zum Beispiel:

Questa cosa non è accanto al cubo.

Dov'è il cane?	Il cane è davanti a Spiff (davanti a lui).
Dov'è il pinguino?	Il pinguino è dietro a Spiff (dietro di lui).
Dov'è la gente?	La gente è sotto Spiff (sotto di lui).
Dov'è Spiff?	Spiff è sopra la gente (sopra di essa).

Denken Sie sich einen Gegenstand oder eine Person aus, die in Ihrer Nähe ist. Alle anderen Spieler sollen den Gegenstand oder die Person mit Hilfe der folgenden Fragen erraten:

Indovina che cos'è facendo domande tipo: è dietro la sedia?
è sopra il tavolo?
è davanti a te?
è sul davanzale?

AVVERBI DI LUOGO

Ortsadverbien

Das Adverb ist ein unveränderlicher Teil eines Satzes. Es wird neben einem Verb, Adjektiv, Namen etc. eingesetzt, um dessen Bedeutung zu bestimmen. L'avverbio di luogo, das Ortsadverb, bestimmt die örtliche Position eines Gegenstandes oder einer Person.

La bottiglia è **sopra** il tavolo (auf) la macchina è **davanti** al bar (vor)

fuori	(draußen)	**dappertutto**	(überall)
dentro	(drinnen)	**altrove**	(woanders)
sopra	(auf)	**oltre**	(jenseits)
sotto	(unten)	**presso**	(bei)
vicino	(nah)	**intorno**	(um, herum)
lontano	(weit)		

lì, là	(dort, dorthin)	**qui, qua**	(hier)
laggiù	(da unten)	**quassù**	(hier oben)
lassù	(da oben)	**quaggiù**	(hier unten)
Diese Adverbien bestimmen einen Ort, der weit entfernt ist von der sprechenden oder zuhörenden Person.		Diese Adverbien bestimmen einen Ort in unmittelbarer Nähe der sprechenden Person.	
La stazione è lì.		Lucia è qui.	
Laggiù in sud Italia il sole è caldo.		La mia casa è quassù.	

Attenzione: Im Satzbau befindet sich das Adverb meistens vor dem Adjektiv und nach dem Verb:

Io sono troppo stanco	nicht:	io sono stanco troppo
Lui lavora qui	nicht:	qui lui lavora

In vielen Fällen jedoch kann das Adverb frei eingesetzt werden:

Ci sono alberi malati dappertutto.
Ci sono dappertutto alberi malati.
Dappertutto ci sono alberi malati.

UN APPARTAMENTO
Eine Wohnung

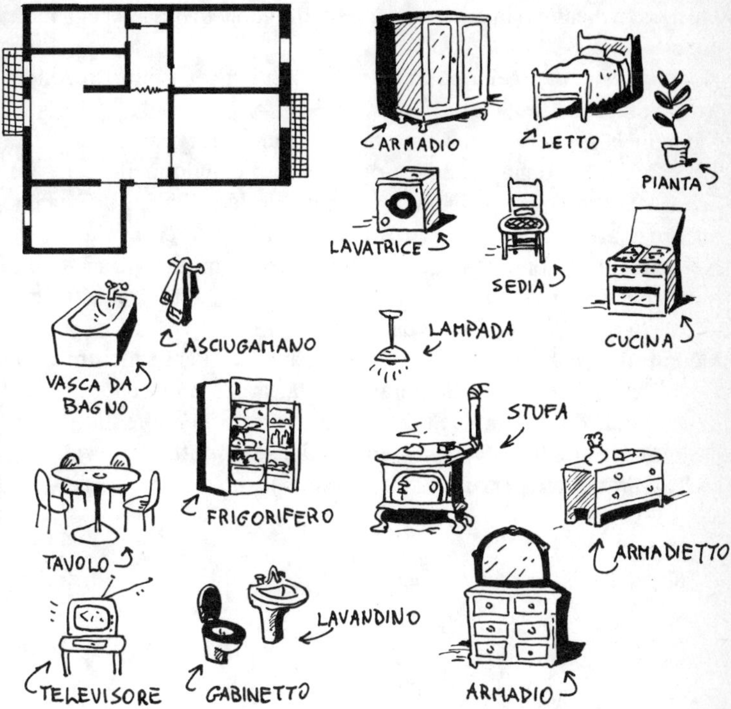

Richten Sie die Dreizimmerwohnung mit Küche und Bad ein, und benutzen Sie dazu die aufgeführten Gegenstände sowie andere, die Sie kennen.

Beschreiben Sie die Wohnung anderen nach dem Muster:
In cucina vicino alla lavatrice c'è . . .

MARIETTO E LA SPESA

Marietto und der Einkauf

Marietto è di nuovo in crisi: oggi è sabato e vuole invitare a cena molti amici.
«Deve essere una cena come si deve! Antipasto, primo, secondo, frutta, dolce, caffè.» Pensa.
Incomincia a scrivere una lista di cose che gli servono per la sera. «Accidenti! Sono già le 12,30 e oggi i negozi chiudono all'una.» Impreca Marietto, e butta giù, in un sorso un bicchiere di vino. «È meglio andare a fare la spesa così, senza la lista. È tardi!» E corre via.
Nel quartiere ci sono tre negozi di alimentari. Marietto entra in quello più vicino a casa sua, ma vede che molte persone fanno già la fila così decide di provare da un'altra parte.
«Due etti di parmigiano, due chili di pane...» Pensa mentre corre verso l'altro negozio di alimentari... e la carne, la macelleria... e il detersivo, la drogheria... Si deve fermare per riprendere fiato. «Che casino!» Gli gira la testa, confusamente legge la scritta: Pizzeria. «Basta! Compro pizze per tutti e v... (censura).»

Beantworten Sie bitte die Fragen:

1. Che cosa vuole fare oggi Marietto?
2. A che ora chiudono oggi i negozi?
3. Quanti negozi di alimentari ci sono nel quartiere?
4. Che cosa vuole comprare?
5. Riesce a fare la spesa?

FARE LA SPESA
Einkaufen

Negoziante:
È un prezzo basso!
È un prezzo giusto!
È un buon prezzo!
È a buon mercato!
È un prezzo normale!
È un'offerta speciale!
È un prezzo stracciato!
È economico!
È corretto!
È un buon acquisto!
È a portata di tutte le tasche!
Costa due lire!

Cliente:
È un prezzo alto!
È un prezzo spaventoso!
È un prezzo esagerato!
È un prezzo esorbitante!
È impagabile!
È carissimo!
È caro!
Lei pretende troppo!
Non posso permettermelo!
Abbassi il prezzo!
Costa un occhio della testa!
Costa un sacco di soldi!

Al mercato

Signora: Vorrei della frutta, per favore!
Uomo: Abbiamo della frutta che costa due lire, oggi!
Signora: Mi dia un chilo di queste mele qui, eh, quanto vengono le arance?
Uomo: 3000 al chilo signora, sono arance sanguigne, vengono dalla Sicilia.
Signora: È un prezzo alto! Ma, non fa niente.
Uomo: Un chilo di arance allora?
Signora: Sì, e vorrei anche un'insalata, un cetriolo e questo cavolo qui.
Uomo: Abbiamo anche il radicchio in offerta speciale oggi!
Signora: No, no va bene così.
Uomo: Benissimo, allora un chilo di mele, uno di arance, un cetriolo, un' insalata e... il cavolo signora va bene questo qui?
Signora: Sì, sì, va bene.
Uomo: 5500 lire tutto, signora.

Improvisieren Sie Gespräche in den verschiedenen Läden, und verwenden Sie dabei die Ausdrücke aus dem Streit zwischen Negoziante und Cliente auf Seite 205.

Negozio di frutta e verdura

mele pere uva (Trauben) arance pesche (Pfirsiche) melone (Honigmelone) cocomero (Wassermelone) ciliege (Kirschen) prugne (Pflaumen) banane albicocche (Aprikosen) melanzane (Auberginen) zucchini insalata cipolla (Zwiebel) aglio (Knoblauch) broccoli cicoria (Chicorée) cavolo (Kohl) peperoni (Paprikaschoten) cetrioli (Gurken) pomodori (Tomaten) patate (Kartoffeln)

Macelleria

carne di maiale (Schweinefleisch) carne di manzo (Rindfleisch) carne di vitello (Kalbfleisch) carne di pecora (Lammfleisch) agnello (Lamm) capretto (Zicklein) cacciagione (Wild) fettine di manzo (Rindfleischschnitzel) braciole di maiale (Schweinesteaks) bistecca (Steak) coniglio (Kaninchen) fagiano (Fasan) pollo (Hähnchen) salsicce (Würstchen) faraona (Perlhuhn)

Salumeria / Alimentari

prosciutto crudo/cotto (roher/gekochter Schinken) salame mortadella latte burro pane panini pasta carciofini sott'olio (in Öl eingelegte Artischocken) pelati in scatola (geschälte Tomaten in der Dose) Yogurt naturale/alla frutta formaggi: mozzarella mascarpone pecorino (Schafskäse) parmigiano gorgonzola provolone fontina (Weichkäse)

....

....

....

....

....

....

PAROLE ED ESPRESSIONI
Wörter und Ausdrücke

Welches Wort gehört nicht zur Gruppe? Begründen Sie, warum nicht.

davanti o dietro davanti o sotto sinistra o destra sopra o sotto
svegliarsi alzarsi accidenti dimenticarsi arrabbiarsi
alto o caro basso o alto caro o economico giusto o esagerato
alimentari macelleria drogheria pizzeria

Was bedeutet das? Kreuzen Sie eine Lösung an:

Avere fretta:

a. avere poco tempo a disposizione ☐
b. avere molto tempo a disposizione ☐
c. avere il giusto tempo a disposizione ☐

Un etto:

a. un letto senza la elle ☐
b. cento grammi ☐
c. dieci grammi ☐

Offerta speciale:

a. un prodotto a prezzo esagerato ☐
b. un prodotto a prezzo basso ☐
c. un prodotto a prezzo esorbitante ☐

PAROLE E FORME

Wörter und Formen

Orizzontali:

1. Marietto va a fare la spesa senza la . . .
2. Il settimo giorno della settimana.
3. Il contrario di lontano.
4. Seconda persona singolare di diventare.
5. Il contrario di svegliarsi.
6. Un mobile molto freddo.
7. Il contrario di dietro.
8. Si scrive ad un amico.
9. Un mobile dove si mettono i vestiti.
10. Sessanta minuti.

Verticali:

1. Un negozio dove si compra da mangiare.
2. L'infinito di: «mi sono sentito».
3. Verflixt in italiano.
4. Il contrario di ricordare.
5. Può essere bianco, rosso, secco, dolce . . .
6. Un tipo di sedia molto comoda.
7. Un mobile dove ci si può sedere o . . . dormire.
8. Non a sinistra ma a . . .
9. Il contrario di davanti.
10. Marietto ha poco di questo per fare la spesa.
11. La prima persona plurale di dare.

PAROLE E FRASI

Wörter und Sätze

l'orologio il pavimento la sera la pensione la stazione il letto la sveglia la fretta il sofà il lavandino la sorella il pranzo la porta il problema il tavolino il frigorifero il piatto le posate la cena la lista la fila la macelleria

svegliarsi addormentarsi alzarsi ricordare dimenticare cadere cercare pensare richiudere cucinare lavare dirigersi invitare servire imprecare decidere provare correre fermarsi

arrabbiato pronto solo chiuso aperto piccolo sporco pulito basso giusto spaventoso esagerato altro normale corretto

Verwenden Sie bitte diese Wörter, um Sätze, Dialoge oder Kurzgeschichten zu schreiben oder zu erzählen:

....
....
....
....
....
....
....
....
....
....
....
....
....
....
....
....

DOVE?

Wo?

chi?	wer?	**quanto?**	wieviel?	**dove?**	wo?
che cosa?	was?	**quando?**	wann?	**perché?**	warum?
come?	wie?	**quale?**	welche?		

qui/qua, lì/là, vicino a, lontano da, sopra, sotto, di fronte, accanto, dietro, davanti, a lato, in mezzo, dentro, fuori
campeggio, villaggio, paese, città, quartiere, regione, stato, continente
casa, villa, appartamento, tenda, roulotte, pensione, hotel, albergo, stanza
ristorante, trattoria, tavola calda, pizzeria, bar
stazione, aereoporto, porto, strada, via, autostrada
luogo, località, zona, pianura, mare, lago, fiume, montagna, collina

vivere abitare trascorrere viaggiare partire mangiare dormire andare passeggiare arrivare passare

1. Dove hai trascorso le vacanze? ....
2. Dove hai vissuto in Italia? ....
3. Dove hai mangiato spesso al mare? ....
4. Dove hai dormito? ....
5. Dove sei andato? ....
6. Dove sei arrivato? ....

di (woher)	}	
da (von wo)	}	dove?
per (wohin)	}	

1. Di dove sei? ....
2. Da dove sei partito? ....
3. Per dove sei passato? ....

SPIFF

Achte Folge

NUOVE PAROLE DELL'OTTAVO CAPITOLO

Neue Vokabeln

A

accanto neben (200)
accarezzarsi sich streicheln (199)
l'acquisto Einkauf (205)
addormentarsi einschlafen (199)
altrove woanders (204)
alzarsi aufstehen (199)
annoiarsi sich langweilen (199)
anticamente in alten Zeiten, einst (194)
l'appartamento Wohnung (203)
l'armadio Schrank (203)
arrabbiarsi sich aufregen (199)
l'attaccapanni Kleiderhaken (203)
avere a disposizione zur Verfügung haben (207)

B

buttare giù runterkippen (204)

C

il cavolo Kohl (205)
la cena Abendessen (204)
il cetriolo Gurke (205)
correre rennen (204)
costare un occhio ein Heidengeld kosten (wörtlich: ein Auge kosten) (205)
la crisi Krise (204)
cucinare kochen (196)

D

dappertutto überall (202)
davanti vor (200)
dietro hinten (200)
dirigersi sich richten, zusteuern auf (197)
il dormiglione Schlafmütze (197)

E

esorbitante übermäßig (205)
essere a portata di tutte le tasche für jedermann erwerblich sein (207)
l'etto hundert Gramm (204)

F

la fame Hunger (197)
la fontana Brunnen (195)
il frigorifero Kühlschrank (197)
la frutta Obst (204)

G

gettare werfen (195)

I

l'imperatore Kaiser (195)
imprecare schimpfen (204)
invitare einladen (204)

L

laggiù da unten (202)
la lampada Lampe (203)
lassù da oben (202)
il lavandino Waschbecken (197)
lavarsi sich waschen (199)
la lista Liste (204)

M

la macelleria Metzgerei (204)
il mobile Möbel (203)
la monetina kleine Münze (195)

N

il negozio Laden (204)

O

l'offerta speciale Sonderangebot (205)
oltre hier: außer (204)

P

permetterselo es sich erlauben (205)
la pianta Pflanze (203)
il piatto Teller (197)
la poltrona Sessel (204)
la posata Besteck (197)
il pranzo Mittagessen (197)
il prezzo stracciato Spottpreis (205)

Q

il quartiere Stadtviertel (204)

R

il radicchio Radicchio (Salatart) (205)
richiudere wieder schließen (197)
ricordarsi sich erinnern (197)
riposarsi sich ausruhen (199)
riprendere fiato aufatmen (204)

S

la salumeria Wurstwarengeschäft (204)
servire hier: benötigen (204)
il sofà Sofa (197)
il sorso Schluck (204)
spaventoso schrecklich (205)
sporco schmutzig (197)
stancarsi müde werden (199)
stretto eng (197)

T

tardi spät (204)
terminare beenden (195)
tra sé in sich (197)

V

la vasca da bagno Badewanne (203)
velocemente schnell (197)
la verità Wahrheit (197)
il vestito Anzug (197)

VOCABOLI ED ESPRESSIONI

Vokabeln und Ausdrücke

Beschreiben Sie die Vokabeln unten. Die anderen sollen erraten, welches das von Ihnen beschriebene Wort ist!

invitare	costruttore	stretto
litigare	verità	tardi
osservare	pezzo	spaventoso
pubblicare	ingiustizia	migliore
tagliarsi	stupidaggine	famoso
desiderare	vasca da bagno	stupido

Nono capitolo

Das neunte und letzte Kapitel beginnt mit einem Ereignis, das Italiener und Besucher gleichermaßen fasziniert: der Karneval von Venedig mit seinen phantastischen Verkleidungen. Um die ganz normalen Probleme mit Kleidung geht es auf Seite 217 bis 219 – Giorgio und Marisa kaufen ein.
Auf den Seiten 220 bis 222 wird der Imperativ in seinen unterschiedlichen Verwendungsformen geübt. Eine Rolle spielt der Imperativ auch bei den Anweisungen zum Kochen auf den Seiten 223 und 224. Mehr noch bei den Werbesprüchen auf Seite 225, die ohne ihn gar nicht auskommen.
Über Musik erfahren Sie einiges aus dem Gespräch zwischen Giorgio und Marisa auf Seite 226. Dabei geht es ohne Vergleiche nicht ab. Die grammatikalischen Formen dazu, der Komparativ und der Superlativ, werden auf den Seiten 228 bis 234 vorgestellt und in den unterschiedlichsten Situationen geübt. Danach wieder einige Puzzles und Tests zum Überprüfen des Gelernten.
Spiff, dem wir auf Seite 244 ein letztes Mal begegnen, hat es mit Hilfe seiner kleinen Freunde geschafft, reich und berühmt zu werden. Und ein letztes Mal: die Vokabeln zum Kapitel auf den Seiten 245 bis 248.

IL CARNEVALE DI VENEZIA

Der venezianische Karneval

Le origini del carnevale di Venezia sono molto antiche. Per molti secoli è stato il più importante in Europa. Le prime citazioni sull'esistenza dell'evento più atteso dai veneziani risalgono all'anno Mille. La sua durata era da ottobre fino a febbraio, Giovedì Grasso. Il lusso, la trasgressione, le maschere e il divertimento più sfrenato ma anche la violenza, sono stati in passato gli elementi più evidenti di questa festa. La «caccia ai porci» è stata una delle primissime manifestazioni del Giovedì Grasso: dodici porci, dopo essere stati inseguiti da giovani armati di spade e da cani, venivano decapitati davanti agli occhi del popolo, della nobiltà veneziana e degli ambasciatori stranieri. Verso la fine del 400, ad essi si sono aggiunte le «demonstration», cioè dei pezzi teatrali, mimo, danza e canti, eseguiti sopra a dei «palchi scenici» dai quali venivano lanciati nel finale i fuochi d'artificio.
Innumerevoli sono state le sfilate in maschera a piedi e a cavallo attraverso le strade di Venezia. Le mascherate, nonostante il divieto, facevano regolarmente una pausa presso i conventi delle monache, le quali spesso travestite da uomini si mischiavano al popolo e festeggiavano per le strade giorno e notte. Re e regine di tutta Europa venivano a Venezia per il carnevale perché travestiti non erano riconoscibili e potevano liberamente girare senza essere riconosciuti. Anche Goethe cita il carnevale di Venezia nel suo «Viaggio in Italia». Un divertimento molto diffuso era il gioco d'azzardo. Esistevano anche sale da gioco solo per donne, naturalmente le più ricche e le più potenti. Alla fine del carnevale alcuni ricchi, in seguito alle perdite al gioco, si suicidavano. Il carnevale aveva un programma ben preciso e tutti in città potevano leggere le date e gli orari delle rappresentazioni scritti su dei cartelli esposti nelle vie e nelle piazze più grandi della città.

Entscheiden Sie bitte, ob richtig □ oder falsch ○:

1. La caccia ai porci non è stata una delle prime manifestazioni. □○
2. I porci venivano decapitati in privato. □○
3. Le mascherate non andavano mai nei conventi delle monache. □○
4. Goethe non ha mai visto il carnevale di Venezia. □○
5. Anche le donne giocavano d'azzardo. □○
6. Il carnevale non ha mai avuto un programma. □○

IN UN NEGOZIO DI ABBIGLIAMENTO

In einem Bekleidungsgeschäft

Entscheiden Sie bitte, ob richtig □ oder falsch ○:

1. Marisa vuole entrare nel negozio. □○
2. Giorgio desidera vedere dei pantaloni bianchi. □○
3. I pantaloni sono troppo lunghi. □○
4. Marisa vuole fare un regalo a Giorgio. □○

Ergänzen Sie die folgenden Sätze:

1. Signorina questi sono due colori che ....
2. Venga con me signore, ecco ....
3. Adesso ha bisogno di una camicia che ....
4. Crede? La provi e ....

IN UN NEGOZIO DI ABBIGLIAMENTO

In einem Bekleidungsgeschäft

Marisa: Entriamo in questo negozio, ho visto un paio di pantaloni in vetrina per te.
Giorgio: Ma non dire stupidaggini quei pantaloni lì sono bruttissimi!
Marisa: Dai, Giorgio, entra, non stare lì sulla porta come un salame!
I due sono nel negozio e subito arriva una commessa.
Commessa: Buon giorno!
Marisa: Buon giorno! Vorrei vedere un paio di pantaloni.
Commessa: Bene, che tipo di pantaloni desidera?
Marisa: Ho visto un paio in vetrina, quelli neri.
Commessa: Sì, ho capito, però sono da uomo signorina...
Marisa: Non si preoccupi signorina, non sono per me.
Commessa: Adesso capisco, che misura porta?
Giorgio: La 48, credo.
Commessa: Ecco, questa è una 48, il colore va bene questo?
Marisa: Forse un colore un pochino più scuro è meglio, dobbiamo andare al matrimonio di una mia amica.
La commessa prende due altri pantaloni più scuri.
Commessa: Signorina, questi sono due colori che vanno moltissimo, guardi un po' se le piacciono.
Marisa: Sì, questi sono già meglio, tu che ne pensi Giorgio?
Giorgio: Mah...
Marisa: Prova a misurarli.
Commessa: Venga con me signore, ecco vada giù in fondo, la cabina è subito sulla sinistra.
Marisa: Aspetta, vengo anch'io.
Giorgio misura i pantaloni.
Giorgio: Senta signorina, come misura non c'è problema, vanno bene, la lunghezza però...
Commessa: Sono troppo lunghi, vero? Si faccia un po' vedere, sì, sì, ha ragione Lei! Ma non si preoccupi, li possiamo accorciare noi!
Giorgio: Ah, sì? Allora va bene, ma quanto vengono?
Commessa: Questi, vengono 90 000 mila, ecco guardi qui c'è il prezzo.
Marisa: Adesso hai bisogno di una camicia che stia bene sui pantaloni.
Giorgio: Anche la camicia?

Marisa: Certo, non puoi andare al matrimonio solo con i pantaloni, no?
Commessa: Su questi pantaloni ci sta bene una camicia di lino, guardi questa signore, è stupenda!
Giorgio: Sì, è vero, però mi sembra piccola.
Commessa: Crede? La provi e prenda anche quest'altra, è una misura più grande.
Giorgio ritorna con le camicie dopo un paio di minuti.
Marisa: Allora? Ti sta bene la camicia di lino?
Giorgio: Sì, ma guarda che prezzo che ha!
Marisa: Non guardare il prezzo, tanto ho pensato di farti un regalo...
Giorgio: No, non dirmi che... è un prezzo spaventoso!
Marisa: Giorgio, tesoro, ti prego stà zitto adesso! –
Poi Marisa rivolta alla commessa: Quanto viene tutto?
Commessa: Allora, i pantaloni 90000, la camicia abbiamo detto 70000, 160000.
Giorgio: Quando sono pronti i pantaloni?
Commessa: Passi questa sera verso le sette, va bene?
Marisa: Ecco i soldi.
Commessa: Grazie, ecco a Lei la ricevuta per i pantaloni, a stasera allora.
Giorgio e Marisa: Arrivederci, a stasera.

Bitte beantworten Sie die Fragen:

1. Giorgio vuole entrare nel negozio di abbigliamento?
2. Quali sono i colori che vanno di moda?
3. Giorgio misura anche la camicia?
4. I pantaloni sono pronti il giorno dopo?

L'IMPERATIVO

Die Befehlsform

Die Befehlsform wird normalerweise verwendet, um Anweisungen zu erteilen.

Va' a casa! Vieni subito qui! Parla piano!

Aber auch in den folgenden Fällen findet die Befehlsform Verwendung:

1. Einladung: Venga alla mia festa!
2. Bitte: Torna a casa, senza di te sono un uomo morto!
3. Aufforderung: Andiamo a mangiare!
4. Bedrohung: Venite qui se avete coraggio!
5. Werbespruch: Bevi Coca Cola!

Die Befehlsform hat keine erste Person (ich), da man sich gewöhnlich einen Befehl nicht selbst erteilt.

Die Befehlsform kann im Infinitiv und im Futur stehen:

Domani andrete a casa! (andrete: ihr werdet gehen)
Pagare alla cassa per favore! Ritirare lo scontrino!

Der **verneinende Imperativ** wird mit **non** gebildet, das immer vor dem Verb steht:

(tu) Non dire stupidaggini!
(tu) Non guardare il prezzo!
(Lei) Non si preoccupi signorina!

Achtung: Die zweite Person Singular des Imperativs wird gebildet mit **non + Infinitiv**:

(tu) **Non** dire stupidaggini!
(tu) **Non** guardare il prezzo!

Das gilt auch für die Verwendung mit dem Pronomen. Man kann dabei das Pronomen mit dem Verb zusammensetzen oder es zwischen non und das Verb setzen:

Non dir**mi** che! oder **Non mi** dire che!
Non parlar**mi**! oder **Non mi** parlare!

L'IMPERATIVO
Die Befehlsform

Indirekte Befehlsform
Die wird verwendet für die dritte Person Singular und Plural, und zwar bei Personen, die nicht anwesend sind, oder als Höflichkeitsform. Man benutzt dazu den Konjunktiv. Das Pronomen wird vor das Verb gesetzt:

(lui/lei)	Venga con me!	(loro)	Vengano con me!
(Lei)	Passi questa sera!	(Loro)	Passino questa sera!

	1. coniugazione	2. coniugazione	3. coniugazione
	vers**are**	mett**ere**	copr**ire**
io	–	–	–
tu	vers**a**	mett**i**	copr**i**
lui/lei	vers**i**	mett**a**	copr**a**
noi	vers**iamo**	mett**iamo**	copr**iamo**
voi	vers**ate**	mett**ete**	copr**ite**
loro	vers**ino**	mett**ano**	copr**ano**

L'imperativo per:

tu è uguale all'indicativo presente per i verbi in **-ere** e **-ire**

noi e **voi** è uguale all'indicativo presente

Alcune forme particolari:

	andare	**dare**	**stare**	**fare**	**dire**
tu	va'	da'	sta'	fa'	di'
lui/lei	vada	dia	stia	faccia	dica
loro	vadano	diano	stiano	facciano	dicano

L'IMPERATIVO

Die Befehlsform

Setzen Sie bitte die Befehlsform ein:

1.	(andare)	Sandro .... a fare la spesa!
2.	(stare)	Basta, (voi) .... zitti!
3.	(fare)	(noi) .... una gita in bicicletta!
4.	(andare/girare)	(Lei) .... sempre dritto e poi .... a sinistra.
5.	(prendere/andare)	(noi) Non .... la macchina, ... a piedi!
6.	(dire)	(tu) .... a Maria che arrivo tra 2 ore!
7.	(dire)	(tu) Non .... stupidaggini.
8.	(telefonare)	Signora, ... questa sera!
9.	(venire)	Dai, ... anche voi!
10.	(entrare)	(Loro) .... prego!
11.	(aspettare)	(voi) .... un momento, vengo subito!
12.	(parlare)	(tu) Non .... a voce così alta!
13.	(toccare)	(voi) Non ...., scotta!
14.	(correre/fare)	(tu) ...., ... presto!
15.	(venire)	.... anche Lei professore!

SPAGHETTI ALLA CARBONARA

Spaghetti nach Köhlerart

Anna ansiosa di sapere come si preparano gli spaghetti alla carbonara, telefona a Marietto:
Anna: Ciao Marietto. Senti ho voglia di fare un piatto di spaghetti alla carbonara. Come si preparano? Che cosa si usa?
Marietto: A dir la verità, improvviso sempre, io li faccio di volta in volta diversi.
Anna: Usi anche altri ingredienti o sempre gli stessi?
Marietto: Ma dipende da come mi sento, dal tempo che ho a disposizione e da quanti soldi ho!
Anna: Per favore non complicare le cose...
Marietto: Complicare le cose?! Ma lo sai come ho fatto ieri un arrosto di vitello? Con un chilo di patate e cipolle e 50 grammi di carne!
Anna: Senti, se mi dici come si prepara questo benedetto piatto di spaghetti, ti invito a cena, però devi portare la chitarra che facciamo un po' di musica.

Ricetta per 4 persone:
400 gr. di spaghetti – 120 gr. di pancetta magra – 4 uova – 20 gr. di burro – 50 gr. di parmigiano grattugiato – 1 cucchiaio d'olio – pepe – sale.

1. Tagliate la pancetta a dadini e mettete a rosolare con l'olio e il burro.
2. Sbattete in un piatto fondo da portata le uova e aggiungete il parmigiano grattugiato e il pepe.
3. Cuocete gli spaghetti al dente.
4. Versate la pasta nel piatto da portata, mescolate e versate sopra la pancetta rosolata.
5. Servite ben caldo.

CUCINARE

Kochen

Sandra vuole cucinare un piatto che ha mangiato la settimana scorsa da Marisa: il «Maiale ubriaco». Ora telefona a Marisa per sapere come si prepara.

Improvisieren Sie ein Telefongespräch mit Hilfe der Wortliste:

1. tritare (zerkleinern): aglio (Knoblauch), prezzemolo (Petersilie)
2. unire (hinzufügen): semi di finocchio (Fenchelkerne)
3. versare (gießen): braciola (Schnitzel)
4. aggiungere (hinzufügen): sale e pepe (Salz und Pfeffer)
5. mettere (hier: legen, tun): padella (Pfanne)
6. cuocere (kochen, braten): carne (Fleisch)
7. versare (gießen): vino
8. coprire (zudecken): coperchio (Deckel)

Buon appetito!

Spaghetti al pesto

Ingredienti: basilico fresco (frisches Basilikum), due spicchi di aglio, pinoli (Pinienkerne), sale e pepe, parmigiano grattugiato (geriebener Parmesankäse), olio di oliva

Wenn Sie die Sätze unten in die richtige Reihenfolge bringen, werden Sie ein Rezept haben für die Zubereitung der Spaghetti al pesto.

Mettete il basilico, l'aglio ed i pinoli tritati in una scodella. Versate ora nella scodella l'olio d'oliva. Aggiungete sale e pepe.

Prendete il basilico, l'aglio ed i pinoli e tritate il tutto con un coltello.

Mischiate tutto insieme con un cucchiaio.

Versate il pesto sulla pasta scolata e mischiate bene la pasta con il pesto.

Aggiungete del parmigiano grattugiato e servite in tavola.

È preferibile bere del vino bianco secco. Buon appetito!

ORDINI PUBBLICITARI
Werbung

1) ENTRA!
IN QUESTO NEGOZIO C'È IL TUO IDEALE!

2) SE IL TUO INTESTINO È PIGRO,
NON ESSERE PIÙ PIGRO DI LUI!

3) SCOPRITE LA VOSTRA PERSONALITÀ!

4) COMPRATE QUESTE
PERCHÉ NON SONO TUTTE UGUALI,
COME GLI UOMINI!

5) **TI PREGO .... NON FUMARE!**

6) SCOPRI E VINCI
L'ALTRA FACCIA DELLA TECNOLOGIA!

7) **SCEGLIETE
UN PRODOTTO POCO NORMALE
PER PERSONE SPECIALI!**

Finden Sie heraus, für welche Produkte die einzelnen Sprüche Werbung machen sollen: diamanti, protezione ambiente, campagna contro il fumo, scarpe, digestivo, automobili, profumo

GIORGIO E LA MUSICA

Giorgio und die Musik

Ieri Giorgio e Marisa sono stati ad un concerto di musica rock. Adesso sono seduti sopra agli scogli vicino al mare e parlano di musica, di musicisti e del mercato discografico.

Marisa: Ti è piaciuto ieri il concerto vero?

Giorgio: Moltissimo, ma Sting è uno dei migliori musicisti rock del momento.

Marisa: Tu suoni da molto il sassofono?

Giorgio: Sì, all'inizio ho cominciato più per divertimento che per altro. Poi, visto che alcuni miei pezzi erano meglio di molte canzoni che si sentono alla radio, ho pensato di...

Marisa: Hai pensato di fare un disco!

Giorgio: Sì, e così sono cominciati i problemi!

Marisa: Che problemi?

Giorgio: Il problema è che in Italia la vendita dei dischi è meno alta che all'estero. I dischi più venduti si possono ascoltare tutti i giorni alla radio e nelle discoteche e come sai, qui in Italia i giovani vanno molto in discoteca. E qual'è la musica più ascoltata nelle discoteche italiane?

Marisa: La musica da discoteca, ma è pessima!

Giorgio: Sì, però questo tipo di musica si vende più di qualsiasi altro genere musicale ed i giovani sono i migliori clienti: i giovani per la musica spendono più degli adulti.

Marisa: La peggiore musica ha i migliori clienti!

Giorgio: Sì, per il mercato musicale i giovani sono più importanti degli adulti! Le case discografiche sanno che questa musica vende bene e così non rischiano.

Marisa: Anche in Italia però, la gente ascolta molto la musica rock, non hai visto quante persone sono state a vedere Sting, ieri?
Giorgio: Sì, ma si comprano pochi dischi e chi produce un disco vuole avere naturalmente il massimo profitto. Con la musica disco i guadagni sono più che con la musica rock.
Marisa: E così tu non hai fatto più nessun disco?
Giorgio: Sì, ho fatto due dischi ma senza avere molto successo, hanno venduto meno del previsto. Ho guadagnato quanto ho investito cioè poco!
Giorgio e Marisa continuano a parlare di musica, dei mercati più grandi, dei musicisti più ricchi, di quelli più poveri, dei più simpatici e di quelli meno simpatici e più stronzi... Giorgio sembra un po' triste! Forse parlare di musica e di profitto insieme è stato un po' deprimente perché la musica per lui è la cosa più importante. Marisa cerca con le sue mani i capelli di Giorgio, ed insieme ascoltano la musica del mare, delle sue onde che si avvicinano sempre di più e finiscono sugli scogli. Poi sussurra all'orecchio di Giorgio: Adesso è più bello sentirsi che arrabbiarsi.

Beantworten Sie bitte die Fragen:

1. Che cosa pensa Giorgio di Sting?
2. Perché i giovani sono più importanti degli adulti per il mercato discografico?
3. Perché le case discografiche producono pochi dischi rock?

IL COMPARATIVO

Die Vergleichsform

Der Komparativ legt die Rangordnung zweier Termini in der Gegenüberstellung fest.

Per il mercato, i giovani sono più importanti degli adulti.
Con la musica rock i guadagni sono meno che con la musica disco.
Ho guadagnato tanto quanto ho investito.

Der Komparativ hat drei Formen:

1. Comparativo di maggioranza: **più di / più che** (mehr als)
2. Comparativo di minoranza: **meno di / meno che** (weniger als)
3. Comparativo di uguaglianza: **tanto quanto / così ... come** (soviel wie / so ... wie)

Più di / meno di wird bei **Substantiven** verwendet:

L'automobile è più / meno veloce della **bicicletta**.

Più che / meno che wird bei **Adjektiven** und **Verben** verwendet:

Questa musica è più / meno **noiosa** che **interessante**.
È più / meno bello **cantare** che **arrabbiarsi**.

Bei der einfachen Vergleichsform werden **tanto** ... **quanto** und **così** ... **come** gleichermaßen bei Adjektiven verwendet.

Il sole oggi è **tanto** caldo **quanto** ieri.
In questo ristorante si mangia **così** bene **come** nell'altro.

IL COMPARATIVO

Die Vergleichsform

Setzen Sie den Comparativo di maggioranza/minoranza ein:

1. Marietto ha .... crisi .... Spiff.
2. Questo lago è .... inquinato ...... altro.
3. Giorgio è .... stanco .... annoiato.
4. Il vino è .... caro .... birra.
5. Questa stanza è ...... larga ..... alta.
6. Amburgo è una città ...... fredda .... Milano.
7. Paola è ...... giovane ...... Adua.
8. Questa spiaggia è .... affollata .... solito.

Setzen Sie die fehlenden Wörter ein:

Anna: Oggi ho molta voglia di andare al cinema.
Bruno: Ma non hai visto che i film sono tutti uno ..... stupido .... altro?
Anna: Allora telefoniamo a Laura che ha ..... idee ..... te!
Bruno: Sì, lei ha molte idee, ma spesso sono ..... noiose .... divertenti.
Anna: Allora proponi tu qualcosa di ..... interessante ...... questo.
Bruno: Io non ho voglia di uscire, tu pensi sempre di ...... ad uscire ...... ad ordinare la casa!

Setzen Sie den passenden Komparativ ein:

1. La mia bicicletta è .... nuova .... tua.
2. Roma è .... problematica .... bella.
3. Firenze è .... lontana .... Roma.
4. Questa macchina è .... veloce .... tua?
5. Parli il francese .... bene .... italiano?
6. Ami Marco .... tanto .... Pino?
7. Vai .... spesso al cinema .... a teatro?

CHE SCARPE DESIDERA?

Welche Schuhe wünschen Sie?

Improvisieren Sie Gespräche mit Hilfe der aufgeführten Vokabeln und Ausdrücke, und verwenden Sie dabei den Komparativ:

un paio di scarpe da uomo
un paio di scarpe per signora
un paio di scarpe per bambini

Scarpe pesanti (Winterschuhe): stivali (Stiefel), stivaletti, scarponi (schwere Schuhe), scarponi da montagna (Bergschuhe), scarponi da sci, scarponcini (hohe Schuhe)

Scarpe leggere (Sommerschuhe): mocassini, sandali, scarpe basse (flache Schuhe), scarpe da ginnastica (Turnschuhe), scarpe da tennis, scarpe da passeggio (Straßenschuhe), scarpe da riposo (Hausschuhe), scarpe da sera (Abendschuhe), scarpe a punta (Spitzenschuhe), ciabatte per la spiaggia (Strandschuhe), zoccoli (Holzschuhe), scarpe a tacco alto (mit hohem Absatz), scarpe a tacco basso (mit niedrigem Absatz), scarpe da ballo (Tanzschuhe), scarpe da allacciare (Schnürschuhe), scarpe con fibbia (Schnallenschuhe), scarpe a spillo (Stökkelschuhe)

Colore: nero, marrone, bianco, opaco (matt) colorato, chiaro (hell), scuro (dunkel)

Materialien: scarpe di pelle (Lederschuhe), scarpe di vero cuoio (echte Lederschuhe), scarpe in finta pelle (Kunstlederschuhe), scarpe di plastica (Stoffschuhe), scarpe di gomma (Gummischuhe), scarpe di pezza (Stoffschuhe)

più/meno leggero, più/meno pesante, caro, bello, brutto, stretto (eng), largo (breit), lungo, corto, modello nuovo, modello fuori moda (außer Mode), prezzo alto, prezzo basso, comodo (bequem)

....
....
....
....
....
....

IL SUPERLATIVO

Die Steigerungsform

Der Superlativ hat zwei Formen:
1. Superlativo relativo
2. Superlativo assoluto

Superlativo relativo

Die relative Steigerungsform bestimmt die maximale oder minimale Beschaffenheit in Bezug zu einer Gruppe von Menschen oder Dingen. Sie unterscheidet sich vom Komparativ durch den Artikel, der vor dem Adjektiv oder Substantiv steht.

Giovanni è il più giovane del gruppo.
Laura è la donna più interessante della festa.
Luigi è il ragazzo meno problematico dei miei amici.

1. Artikel + più + Adjektiv
2. Artikel + Substantiv + più + Adjektiv
3. Artikel + Substantiv + meno + Adjektiv

(il, i) più/meno di
(la, le) più/meno di

La Sicilia è l'isola più grande d'Italia.
Questo è il programma meno noioso della televisione italiana.

Superlativo assoluto

Die absolute Steigerungsform drückt die höchste Stufe einer Eigenschaft, einer Person, einer Handlung aus – unabhängig von der Beziehung zu anderen. Sie wird gebildet:

1. mit der Nachsilbe **-issimo:** molto/moltissimo
bello/bellissimo
2. mit molto + Adjektiv: molto buono molto bello

Questa è una situazione difficilissima.
Questa è una situazione molto difficile.

Gli spaghetti sono buonissimi.
Gli spaghetti sono molto buoni.

IL SUPERLATIVO

Die Steigerungsform

Einige Adjektive bilden spezielle Formen:

	Comparativo	Superlativo
cattivo	più cattivo/peggiore	pessimo
buono	più buono/migliore	ottimo
grande	più grande/maggiore	massimo
piccolo	più piccolo/minore	minimo
alto	più alto/superiore	
basso	più basso/inferiore	

Setzen Sie bitte die Steigerungsform ein:

1. Berlino è ...... città ..... famosa ..... Germania.
2. Questo è ...... buono ...... vini piemontesi.
3. Qual è ..... fiume ...... lungo ...... Italia?
4. Chi è .... intelligente ...... nostra classe?
5. Chi è ...... bello ...... città?
6. Andreotti è ...... personaggio politico .... furbo ...... politica italiana.
7. Spadolini è .... grasso ..... uomini politici italiani.

GIUDICARE
Bewerten

Positivo	**o**	**negativo?**
bello		brutto
più/meno bello di/che		più/meno brutto di/che
bellissimo/molto bello		bruttissimo/molto brutto
buono		cattivo
più/meno buono di/che		più/meno cattivo di/che
buonissimo/ottimo/molto buono		cattivissimo/pessimo/molto cattivo
grande		piccolo
più/meno grande di/che		più/meno piccolo di/che
grandissimo/massimo/molto grande		piccolissimo/minimo/molto piccolo
alto		basso
più/meno alto di/che		più/meno basso di/che
altissimo/molto alto		bassissimo/molto basso
veloce		lento
più/meno veloce di/che		più/meno lento di/che
velocissimo/molto veloce		lentissimo/molto lento
largo		stretto
più/meno largo/di/che		più/meno stretto di/che
larghissimo/molto largo		strettissimo/molto stretto
giovane		vecchio
più/meno giovane di/che		più/meno vecchio di/che
giovanissimo/molto giovane		vecchissimo/molto vecchio
interessante		noioso
più/meno interessante di/che		più/meno noioso di/che
interessantissimo/molto interessante		noiosissimo/molto noioso
leggero		pesante
più/meno leggero di/che		più/meno pesante di/che
leggerissimo/molto leggero		pesantissimo/molto pesante

Sie möchten an einem italienischen Sprachkurs in Italien teilnehmen. Sie haben zwei verschiedene Angebote zur Wahl. Lesen Sie die Programme genau durch, und sagen Sie dann, für welches Sie sich entscheiden würden. Begründen Sie mit Hilfe der Wortliste auf Seite 233, weshalb Sie ein Programm besser gefunden haben.

Programma 1

Prezzo del corso: DM 600
Gruppo massimo: 9 partecipanti
Durata del corso: 2 settimane (6 ore al giorno dalle 9.00 alle 13.30 da lunedì a venerdì)
Mezza pensione: DM 20 al giorno
Luogo: Lago di Bolsena
Bolsena: piccolo paese, tranquillo, la gente è simpatica, il lago è uno dei più puliti, spiagge lunghe, larghe e piccole, giri in bicicletta, passeggiate in campagna, cucina casareccia, molti contatti con la gente del posto

Programma 2

Prezzo del corso: DM 520
Gruppo minimo: 9 partecipanti
Durata del corso: 2 settimane (4 ore al giorno)
Mezza pensione: DM 28 al giorno
Luogo: Milano
Milano: grande città, molte industrie, negozi di moda, strade grandi, metropolitana, parchi, tempo non molto buono, smog, teatri, cinema e bar

ANDIAMO A MANGIARE?

Gehen wir essen?

Andiamo in un locale: rustico (ländlich), familiare, intimo, elegante, raffinato, antico, tranquillo, semplice, accogliente (gastfreundlich), confortevole, ampio (geräumig), tipico, straordinario (außerordentlich), classico, di lusso

---

Il locale si trova: in centro   in periferia   nel centro storico (Altstadt)   in una strada elegantissima   al porto (Hafen)   sul mare   sul lago   in campagna (auf dem Lande)   in un paese medievale (mittelalterliches Dorf)   sull'autostrada

Sie wollen essen gehen und suchen das passende Lokal für Ihre Ansprüche und Bedürfnisse. Begründen Sie, warum Sie ein bestimmtes Lokal ausgesucht haben, mit Hilfe der Listen.

Beispiel: Pranzo d'affari (Geschäftsessen)
Io vado in un ristorante tranquillo ed accogliente. Il ristorante deve essere in centro, in una strada elegante. Preferisco un posto silenzioso e non affollato perché devo parlare con il mio partner di un affare molto importante.

1. Cena con alcuni vecchi amici
2. Pranzo durante la pausa di mezzogiorno con una/un collega
3. Banchetto di fine anno (Silvesterbankett)
4. Pranzo di matrimonio (Hochzeitsessen)
5. Pranzo di addio (Abschiedsessen)
6. Cena insieme alla famiglia
7. Cena con un amante (Liebhaber)
8. Cena con un uomo/una donna (appuntamento galante)

....

....

....

....

....

....

....

LA TRATTORIA

Das Gasthaus

1. IL CAMERIERE
2. IL CUOCO
3. IL MENU'
4. IL CONTO
5. LA TOVAGLIA
6. IL BOUFFET
7. IL TOVAGLIOLO
8. LA FORCHETTA
9. IL CUCCHIAIO
10. IL COLTELLO
11. IL BRODO
12. LA PASTA
13. LA CARNE
14. IL PESCE
15. L'INSALATA
16. LA FRUTTA
17. IL DOLCE
18. IL FORMAGGIO
19. IL VINO

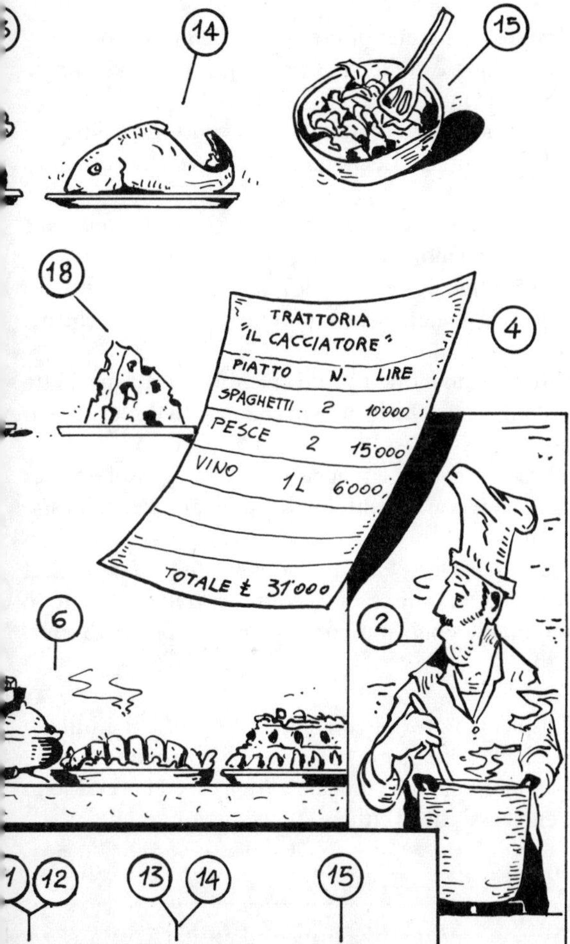
14
15
18
TRATTORIA
"IL CACCIATORE"
PIATTO N. LIRE
SPAGHETTI 2 10'000
PESCE 2 15'000
VINO 1L 6'000
TOTALE ₤ 31'000
4
6
2
12
13
14
15
PIATTO
IL 2° PIATTO
IL CONTORNO

I MIGLIORI FREE SHOP INTERNAZIONALI

Die besseren Duty-free-Shops

Vergleichen Sie Preise und Angebote, und erklären Sie, warum Sie ein bestimmtes Produkt in einem bestimmten Duty-free-Shop kaufen.

Milano: Grandissima scelta di profumi delle più famose marche italiane e francesi. I prezzi qui sono più convenienti che in città.

Copenhagen: Il salmone fresco costa molto di meno che nei negozi italiani. Il prezzo dei liquori è più basso che nei negozi in città.

Stoccolma: L'offerta più grande è la carne di renna affumicata. I prezzi sono molto convenienti.

Dublino: Prezzi ottimi per i vestiti di Tweed.

Parigi: Prezzi carissimi; anche i profumi sono più cari che nei negozi in città.

New York: I prezzi sono molto più alti che in Italia. Le magliette costano meno che in città ma hanno dei disegni molto banali.

Londra: Il Free Shop con le maggiori vendite in assoluto. Per gli italiani non è molto interessante per il cambio sfavorevole.

Amsterdam: È uno dei Duty Free più conveniente e famoso del mondo. Qui i prezzi di sigarette, caviale, computer e automobili sono più convenienti dei prezzi di mercato.

Beispiel: Io preferisco comprare i profumi a Milano perché la scelta è molto grande, si possono trovare le più famose marche italiane e francesi ed i prezzi sono meno bassi che in città.

....

....

....

....

....

CONVERSAZIONE

Unterhaltung

Wählen Sie sich bitte ein Thema, zum Beispiel: Roma è molto bella. Nehmen Sie dann einen Stift, und lassen Sie ihn auf dem Blatt drehen. Sagen Sie etwas zu dem gewählten Thema entsprechend der Rubrik, in der die Stiftspitze liegengeblieben ist. Hat sie beispielsweise im Feld «Essere d'accordo» haltgemacht, können Sie sich zum Thema «Roma è molto bella» eine Antwort ausdenken wie: Sì, hai ragione, Roma è molto bella perché ci sono molte chiese.

DOMANDARE

HAI BISOGNO DI...?
PENSI CHE...?
DICI CHE...?
CHE COSA...?
PERCHÈ...?
QUANDO...?
QUANTO...?
QUALE...?
COME...?
CHI...?

ESSERE D'ACCORDO

SONO D'ACCORDO CON TE...
IO CREDO CHE...
VA BENISSIMO!
SÌ, È GIUSTO...
HAI RAGIONE...
SECONDO ME
PERCHÈ IO...
È VERO...

FERMAZIONE CONTRARIA

NORMALMENTO NO PERCHÈ
SONO SICURO PERCHÈ...
NON È! SEMPRE COSÌ
VEDIAMO SE È VERO
AL CONTRARIO IO...
IO DICO CHE...
INVECE...
PENSI...

DUBITARE

NON SO SE È POSSIBILE
NON SONO SICURO CHE...
NON SO SE È VERO...
È VERAMENTE COSÌ?
CHISSÀ MA
FORSE SE...
È VERO...?
FORSE...

VOCABOLI ED ESPRESSIONI

Vokabeln und Ausdrücke

Welches Wort gehört nicht zur Gruppe? Begründen Sie, warum nicht.

bellissimo interessantissimo convenientissimo più forte
trita! cuoci! prepara! versa! va!
concerto chitarra disco canzone basilico
abbigliamento camicia pantaloni maglietta scarpe

Was bedeutet das? Kreuzen Sie die richtige Antwort an.

Andare moltissimo:

a. Andare spesso a piedi ☐
b. Andare a piedi velocemente ☐
c. Un prodotto molto venduto ☐

Pranzo d'affari:

a. Un pranzo con un amante ☐
b. Un pranzo di matrimonio ☐
c. Un pranzo di lavoro ☐

Fare un disco:

a. Cantare o suonare come un disco ☐
b. Costruire una discoteca ☐
c. Realizzare un prodotto musicale ☐

PAROLE E FORME

Wörter und Formen

Orizzontali

1. Un tipo di locale
2. Si fa in cucina
3. Molto largo
4. Un tipo di musica
5. Il contrario di partire
6. Imperativo di versare (tu)
7. Il contrario di chiaro
8. Un locale più semplice del ristorante
9. Giorgio la compra insieme ai pantaloni
10. Quelli che compra Giorgio costano 90000 lire
11. Un tipo di ristorante

Verticali

1. Materiale per scarpe
2. Un tipo di scarpe per signora
3. Possono essere anche verdi
4. Imperativo di restare (tu)
5. C'è anche quello discografico
6. Presente indicatico di avere (tu)
7. Un nome tedesco ma anche un numero in italiano
8. Imperativo di mettere (tu)
9. Imperativo di sentire (lui/lei)
10. È preferibile con gli spaghetti al pesto
11. Una specialità della cucina italiana

PAROLE E FRASI

Wörter und Sätze

il carnevale la camicia il regalo la scodella il mercato il cliente la carbonara il matrimonio la cabina il basilico il concerto la scelta il disco gli stivali l'offerta il ristorante la personalità la frutta il cambio il prodotto il profumo la cena la vetrina il prezzo il negozio

mettere entrare festeggiare comprare andare preparare cucinare guadagnare provare accorciare essere costare prendere versare

conveniente caro largo grande accogliente noioso migliore di lusso stretto sfavorevole banale antico pessimo basso alto peggiore brutto

Verwenden Sie bitte die aufgeführten Wörter, um Sätze, Dialoge und kurze Erzählungen zu schreiben:

....

....

....

....

....

....

....

....

....

....

....

....

....

....

....

COME?

Wie?

chi?	wer?	**quanto?**	wieviel?	**dove?**	wo?
che cosa?	was?	**quando?**	wann?	**perché?**	warum?
come?	wie?	**quale?**	welche?		

importante più importante più importante di il più importante importantissimo
conveniente meno conveniente meno conveniente di il meno conveniente di
accogliente ampio confortevole tipico
straordinario classico
sfavorevole famoso fresco affumicato banale assoluto relativo
nero marrone bianco coppale opaco colorato chiaro scuro leggero pesante
caro brutto stretto largo lungo corto fuori moda arrabbiato comodo
elevato medio rustico familiare intimo raffinato antico
di pelle di vero cuoio in finta pelle di plastica di gomma di pezza di lusso

cattivo	più cattivo/peggiore	pessimo
buono	più buono/migliore	ottimo
grande	più grande/maggiore	massimo
piccolo	più piccolo/minore	
alto	più alto/superiore	
basso	più basso/inferiore	

servire cuocere vedere essere desiderare stare passare dire usare sentirsi cucinare tagliare credere pensare preparare

Come vedi tu questa situazione? ....
Come sono queste scarpe? ....
Come desiderate avere la camicia? ....
Com'è la misura della sua giacca? ....
Come ti stanno queste scarpe? ....
Come dici di fare, Franco? ....

SPIFF

Neunte Folge

NUOVE PAROLE DEL NONO CAPITOLO

Neue Vokabeln

A

l'abbigliamento Kleidung (218)
accorciare kürzer machen (218)
l'adulto Erwachsener (226)
l'affermazione Behauptung (239)
affumicato geräuchert (243)
aggiungere hinzufügen (223)
l'aglio Knoblauch (224)
alto hoch/groß (233)
ampio geräumig (243)
annoiato gelangweilt (229)
l'arrosto Braten (223)
assoluto absolut (238)
avere ragione recht haben (239)
avvicinarsi sich nähern (226)

B

bianco coppale hochglänzend weiß (243)
il brodo Brühe (236)
il burro Butter (223)

C

la cabina Umkleidekabine (218)
la caccia Jagd (216)
la camicia Hemd (217)
la canzone Lied (226)
il carnevale Karneval (216)
cattivo schlecht (233)
il caviale Kaviar (238)
chissà wer weiß (239)
la chitarra Gitarre (223)
cioè nämlich (227)
la cipolla Zwiebel (223)
la classe Schulklasse (234)
il coltello Messer (236)
come un salame (stare) wie ein Idiot (dastehen) (218)
complicare schwieriger machen (223)
il conto Rechnung (236)
il contorno Beilage (zum Essen) (236)
conveniente angemessen (238)
il convento Kloster (216)
il coraggio Mut (220)
il cucchiaio Löffel (223)
cuocere kochen (223)
il cuoco Koch (236)

D

il dadino kleiner Würfel (223)
decapitare köpfen (216)
deprimente deprimierend (227)
dimenticare vergessen (230)
la discoteca Disko (226)
il dolce Kuchen (236)
dubitare zweifeln (239)

E

l'estero Ausland (226)

F

(in) fondo am Ende (218)
la forchetta Gabel (236)
il formaggio Käse (236)
furbo schlau (232)

G

il genere Geschlecht, Gattung (227)
giocare d'azzardo um alles oder nichts spielen (216)
grattugiato gerieben (223)
guadagnare verdienen (227)
il guadagno Verdienst (227)

I

ideale ideal (225)
improvvisare improvisieren (223)
inferiore niedriger (232)
ingrediente Zutat (223)
l'inizio Anfang (227)
l'insalata Salat (236)
l'intestino Eingeweide (225)
invece anstatt (238)
investire investieren (227)

L

largo breit (233)
il lino Leinen (219)
il liquore Likör (238)
lungo lang (230)

M

maggiore größer (232)
la maglietta Strickhemd, Strickpullover (238)
magro mager (223)
la manifestazione Demonstration (216)
la marca Firmenname (238)
massimo höchster (232)
il matrimonio Ehe (219)
mescolare mischen (223)
migliore beste (232)
minimo kleinste (232)
minore kleiner (232)
la misura Maß (218)
la musica disco Diskomusik (226)
la musica rock Rockmusik (226)
il musicista Musiker (226)

N

naturalmente natürlich (226)

O

l'olio Öl (223)
l'onda Welle (226)
ordinare aufräumen (240)
ottimo sehr gut (232)

P

il paio Paar (218)
la pancetta Bauchspeck (223)
i pantaloni Hose (218)
il parmigiano Parmesankäse (223)
la pasta Nudel (236)
la patata Kartoffel (223)
peggiore schlimmer (232)
il pepe Pfeffer (223)
pericoloso gefährlich (232)
il personaggio Darsteller (232)
la personalità Persönlichkeit (225)
il pesce Fisch (236)
pessimo sehr schlecht (226)
il pesto Soße aus Öl und zerhacktem (= pesto) Basilikum, Knoblauch, Käse und Pinienkernen (225)
il piatto da portata Servierteller (223)
il piatto fondo Suppenteller (223)
piemontese Piemonteser, piemontesisch (232)
il porco Schwein (216)
portare bringen (223)
povero arm (226)
il pranzo d'affari Geschäftsessen (235)
preferibile besser, vorteilhafter (224)
preoccuparsi sich Sorgen machen (218)
preparare vorbereiten (223)
presto früh, schnell (222)
previsto vorausgesehen (226)
il primo piatto erster Gang (236)

Q

qualsiasi beliebig (226)

R

raccontare palle Mist erzählen (218)
realizzare verwirklichen, hier: herstellen (238)
il regalo Geschenk (217)
la renna Rentier (238)
ricco reich (226)
la ricetta Rezept (223)
la ricevuta Quittung (219)
ricordare erinnern (222)
rischiare riskieren (226)
rivolgersi sich wenden (214)
rosolare anbraten (223)

S

il sale Salz (223)
il salmone Lachs (236)
il sassofono Saxophon (226)
sbattere schlagen (223)
la scelta Auswahl (236)
la scodella Schüssel (224)
lo scoglio Felsen (226)
scolata abgegossen (224)
scoprire entdecken (225)
scottare aufkochen, anbraten (224)
scuro dunkel (218)
il secondo piatto zweiter Gang (234)
sfavorevole ungünstig (236)
solito üblich (228)
spaventoso schrecklich (218)
lo spicchio Zehe (Knoblauch) (224)
stronzo (!) Miststück (226)
stupendo wunderbar (219)
il successo Erfolg (226)
superiore höchster (226)
sussurrare flüstern (226)

T

la tecnologia Technologie (225)
il tesoro Schatz (219)
la tovaglia Tischdecke (234)
il tovagliolo Serviette (234)
tritare zerkleinern (224)

Z

zitto still (222)

LA LUNA È...

Der Mond und...

Durante il giorno il sole vede solo macchine passare per la strada che scende dalle colline verso il lago. Ma di sera, quando la luna colora d'argento il paesaggio, si vedono corpi caldi uscire ai lati della strada e dai loro vestiti leggeri. E la luna curiosa guarda, osserva, sorride e non parla. Non vuole disturbare le bocche che si baciano, che, data l'ora, hanno il gusto...ora di aglio, ora di pasta, ora di vino, ora di caffè, adesso di sesso. E la luna sa, sa che adesso è il momento di passare dietro ad una nuvola: loro non vogliono molta luce quando perdono i loro pudori. Le sue dita entrano nella terra rossa e calda del sole del giorno. E la luna dietro alla sua nuvola vede arrivare altre due persone: un marito arrabbiato in cerca di sua moglie; una moglie triste e arrabbiata che non ha notato di essere uscita di casa senza maschera. E si incontrano per strada: loro; lui: il marito che vuole la moglie; lei: la moglie che vuole il marito; l'altro: il caldo vento africano che non fa dormire la gente. E lei, la luna, ride di quelle piccole persone che hanno grandi voglie, tanti sentimenti, grossi problemi, e... ancora un piccolo grande scandalo per un paese antico.

UN GIORNO

Ein Tag

Un giorno, a un intellettuale di Milano che cerca da molto tempo, le verità più vere della vita, un contadino più annoiato che interessato ha detto: – È meglio avere un uovo oggi che una gallina domani. –
L'intellettuale convinto più dall'idillio di quel luogo che dalla saggezza del contadino, compra l'uovo più bello di tutti anche se non il più fresco (infatti un contadino esperto può vedere facilmente che quell'uovo ha già l'embrione del pulcino).
Così, l'intellettuale contentissimo dell'uovo trovato, decide di andare a continuare la sua ricerca da un'altra parte. Mentre apre la portiera della Ferrari molto sportiva e rossissima, il contadino dice: – Chi va piano, va sano e va lontano. –
L'intellettuale, deciso a non vivere in contraddizione, affitta dal contadino un mezzo di trasporto meno veloce: un asino.
Con un volto luminoso dalla gioia fa per partire, quando il contadino continua: – Non dimenticare che il calcio che fa più male è il calcio dell'asino più tranquillo. –
Disperato, l'intellettuale prende l'uovo più bello di tutti, lancia la peggior occhiata al miglior mezzo di trasporto, scende velocissimo dall'asino più stupido che saggio e dice al contadino: – Tra il dire e il fare c'è in mezzo il mare! – E così dicendo va a paragonare . . .

IL PROFESSORE
Der Professor

Vado in vacanza a Scilla da molti anni. Qui ho conosciuto molte persone, turisti e gente del posto. Il barbiere mi saluta, il barista sa che io prendo il caffè corretto con la Sambuca e il proprietario della trattoria dove ceno quasi tutte le sere, sa che la pasta mi piace al dente.
Conosco di vista un vecchio professore di storia in pensione. Sua moglie è morta molti anni fa, e lui non parla quasi con nessuno. In paese, ho sentito che è stato già due volte in una clinica psichiatrica.
Il professore, alto, magro, capelli bianchi un po' lunghi, sguardo triste, si dirige tutte le sere verso la spiaggia. Un'ora più tardi, quando ritorna è già buio.
– Buona sera, professore!
– Buona sera. – Risponde lui gentilmente quando lo saluto.
Vincenzo, il barbiere, dice che è un miracolo che il professore parla con uno del nord: – Forse, sei simpatico a lui. – Mi ha detto una volta la donna che vende la frutta in piazza. Quell'uomo triste mi è sempre interessato ma non ho mai parlato con lui a lungo. L'anno scorso, finalmente è successo per la prima volta. Sono andato in spiaggia verso sera e ho aspettato. Quando è arrivato gli ho detto: – Buona sera! –
– Buona sera. – Ha risposto lui senza guardare.
– Una bella serata, vero? – Ho detto allora io.
– Che cosa vuole lei da me? – Ha domandato lui con voce nervosa.
– Faccio una passeggiata, la sera è bella. – Ho risposto. Lui ha ripreso il suo giro e io sono andato dietro a lui senza parlare. Dopo un centinaio di metri si è fermato e si è seduto sulla sabbia vicino alla riva. Anch'io mi sono seduto ma non troppo vicino a lui. Siamo restati a guardare il sole rosso ed alcune barche di pescatori in mezzo al mare. Quando qualche minuto più tardi mi sono rivolto verso di lui ho visto i suoi occhi rossi ed umidi:
– Si sente poco bene, professore? – Lui non ha risposto ed ha continuato a guardare il mare, poi sempre con lo sguardo verso il mare, ha cominciato a dire qualcosa: – Vengo qui tutte le sere da ventitre anni. Vengo in primavera, in estate, in autunno ed in inverno, con il caldo e con il freddo. Vengo qui e aspetto! –
– Lei aspetta . . . chi? –

– Qualcuno. –
– Una donna? –
– Forse. – Poi di nuovo il silenzio.
– Ci siamo incontrati proprio qui ventitre anni fa. – Ha detto poi. Ho pensato ad una avventura che il professore ha avuto da giovane con qualche turista e che ora ricorda con nostalgia. Subito dopo ha continuato il suo racconto:
– Sono venuto qui, mi sono seduto e all'improvviso l'ho vista uscire fuori dall'acqua come un pesce: una donna bellissima, una dea, capelli lunghi, il seno nudo di una giovane donna. Quando mi ha visto è rimasta ferma in acqua, lentamente poi è venuta più vicino. Io ho provato a parlare ma lei mi ha detto di stare zitto. –
– Perché? – Ho domandato sorpreso.
– Non lo so. Non ho detto più niente. Ci siamo guardati a lungo, io dalla spiaggia e lei dal mare. – Non abbiamo bisogno delle parole adesso che non abbiamo più paura, neanche i pesci adesso hanno più paura! – Ha aggiunto lei. Ho sentito una strana sensazione ed una grande attrazione per lei. – Chi sei? Chi sei? – Mi sono chiesto per lunghi minuti. Poi lei è venuta vicino, e con il corpo immerso nell'acqua fino ai fianchi, ed io seduto sulla riva, abbiamo cominciato a cercarci. Ci siamo accarezzati per ore fino a quando le mie mani hanno finito di contare i pori della sua pelle. Quando finalmente ho baciato le sue labbra carnose ho creduto di sognare. Con una mano, con tenerezza ho tirato il suo corpo fuori dall'acqua ma improvvisamente lei si è separata da me con il terrore negli occhi. Sorpreso per quella reazione ho domandato:
– Ho fatto qualcosa che non va? –
– Io posso vivere solo nel mare, come un pesce! – Ed è andata via sotto il mare. Ho pensato di aver bevuto troppo, di essere ubriaco. Ho ascoltato tutto il racconto del professore senza dire una parola. In quel momento non ho trovato le parole per parlare. Per fortuna il professore ha subito ripreso a parlare:
– Sono ritornato la sera dopo, ho aspettato per ore qui in questo punto, ma lei non è venuta. Allora sono venuto ogni sera e ho aspettato per un mese, poi finalmente è ritornata: – Sei qui? –
– Sì, come ogni sera. – Ho risposto felicissimo.
– Questa è l'ultima volta che ci vediamo! –
– Ma... io... io... io ti amo! – Ho detto disperato.
– Tu mi ami? Tu ami un animale? Io sono una donna solo a metà il

resto del mio corpo è un pesce! – Così si è tuffata fra le onde e non ho creduto ai miei occhi! Ho visto qualcosa di surreale, una ninfa! Una sirena! Poi dai suoi capelli ha tirato fuori qualcosa, una perla: – Prendi, è tua! –

Con un movimento velocissimo è tornata da dove era venuta. Da allora tutte le sere vengo qui e aspetto con la perla fra le dita. Vengo qui e aspetto, qualche volta grido un nome di donna, chiamo sempre un nome diverso. Fino ad oggi non ho avuto risposta ma un giorno, sono sicuro, lei ritorna qui da me.

Poi, il professore non ha più parlato e qualche minuto più tardi siamo tornati insieme al paese.

UNA SERATA SEMPLICE E BELLA

Ein schlichter und schöner Abend

È la sera del 25 maggio. È stato un giorno come tutti gli altri: niente di particolare. Adesso, dopo aver mangiato un primo, un secondo e il dolce, prendo un caffè ed esco.

È una serata fresca ed è piacevole stare seduti ad un tavolino, davanti al bar vicino a casa. Mi siedo allo stesso posto di ieri sera, e della sera prima, e dell'altra sera. Molti ragazzi e molte ragazze sono in giro. Soprattutto in coppia. Cercano luoghi che offrano intimità. Ogni tanto il rumore del motore di qualche macchina mi fa girare la testa. Gianni deve arrivare da un momento all'altro. Rino, il barista, è molto occupato a fare il caffè e a dare bevande fresche.

– Vi auguriamo buon divertimento. – Dice una voce che proviene dal televisore in fondo al bar. – E fa attenzione! – Grida Renzo. Lui è un patito del bigliardo: gioca tutte le sere per molte ore. – È un gioco che mi ipnotizza, mi affascina! – Ripete sempre.

Passano ancora dieci minuti e Giovanni non si vede. Ma non per questo mi arrabbio. Penso al perché mi affascina quella luce che penzola al muro della casa all'angolo, forse perché provoca quelle ombre che adesso diventano più lunghe e poi più corte, a quelle che mentre cammini hai adesso dietro, adesso davanti. «Ma sì», penso, «Giovanni non viene più».

«Vado via, vado a casa e mi metto a letto.» Penso. Mi alzo e piano piano ritorno a casa passando sotto alla luce che prima mi sta davanti e l'ombra dietro e poi la luce mi sta dietro e l'ombra mi è davanti, all'inizio molto corta, poi corta, poi lunga e poi sparisce e quello che rimane è il toc toc dei miei passi che mi avvicinano al letto.

PRONTO, CHI PARLA?

Hallo, wer spricht?

– Pronto chi parla? –

– Senta vorrei parlare con suo marito è a casa? –

– No, in questo momento no, ma lei chi è scusi? –

– Sono un suo collega di lavoro, ma se suo marito non c'è telefono in ufficio. Grazie e buongiorno signora. –

Clic e la comunicazione si interrompe. La donna, seduta sulla poltrona accanto al telefono resta a pensare sull'uomo che ha appena telefonato. Ma chi ha telefonato? Perché non ha detto il suo nome? Sempre questo brutto vizio che si ha in Italia di non dire mai il proprio nome al telefono. E se lui è veramente un collega di mio marito perché non ha chiamato direttamente in ufficio?

Le sue domande, molte, restano senza risposta ed appena alza lo sguardo per guardare fuori dalla finestra sente alcuni rumori sulla porta di casa. Ora sente una sensazione, ha paura, guarda verso il telefono, pensa di chiamare qualcuno, suo marito, forse la polizia. La situazione è snervante. «No, tu devi aprire!» Si dice fra sé.

Esce dal salotto, attraversa il corridoio e quando arriva davanti alla porta si ferma, ha un attimo di esitazione, si porta una mano sulle labbra:

– Chi è? – Domanda con il tono della voce volutamente controllato.

– Sono io mamma, cosa aspetti ad aprire la porta! –

Ma sì, che stupida, è Lucia che ritorna da scuola! – Perché non ho capito subito che eri tu amore, vieni entra. – Dice alla figlia rassicurata mentre prende la piccola in braccio.

– Cosa c'è mamma? – Domanda la bambina.

– Niente, amore, adesso non c'è più niente. Ma quante volte ti devo dire di suonare il campanello? Aggiunge lei un po' arrabbiata. –

– Ah, il campanello! – Risponde Lucia senza entusiasmo.

Madre e figlia si siedono in cucina: – Cosa hai fatto da mangiare oggi? –

– Ti ho fatto gli spaghetti al pomodoro, il piatto che preferisci. –

Dieci minuti dopo squilla di nuovo il telefono: – Rispondo io. – Dice Lucia mentre già ha il telefono in mano. – Pronto, papà, papà sei tu? Pronto ma che succede papà, sei tu? Ti senti male papà? –

La madre prende la cornetta in mano: – Pronto Renato, Renato? – Nessuno risponde, la comunicazione si interrompe, clic.

– Cosa ha detto papà? – Domanda la mamma.
– Niente. Non ho capito niente, ho sentito solo alcuni rumori ed altre voci. –
– Sei sicura di aver parlato con papà? –
– Penso di sì... ma non so... – Adesso telefono in ufficio e così vediamo subito che significa tutta questa storia. –
– Pronto, Angela, ah sei tu. –
– Come stai, va tutto bene? – Domanda allarmata la donna.
– Certo, ma cos'hai, che succede? È strano che mi telefoni in ufficio, non lo fai mai... –
– No, va tutto bene! Oggi mi succedono cose strane ma adesso che ti ho sentito sono più tranquilla, ciao Renato a stasera. – Clic.
Alle sette in punto sente bussare alla porta: – Il padre è come la figlia, perché hanno costruito i campanelli se nessuno li usa? – Dice Angela mentre apre la porta.
– Scusi signora. – Davanti a lei ci sono due uomini che non conosce. – Abbiamo suonato, ma forse il campanello è rotto, io sono il commissario Presenti e questo è il mio assistente Balletti. –
– Commissario, assistente... cos'è successo, dov'è mio marito? – Domanda la donna disperata. – Ecco, ehm siamo qui proprio per questo, suo marito ha avuto un incidente e... – Un incidente? Dov'è adesso? –
– In ospedale, ma si calmi signora non è niente di grave. – Il commissario continua a parlare ancora per un paio di minuti perché la donna non trova pace. Poi vanno insieme all'ospedale. Angela può vedere il marito solo attraverso una parete di vetro: – Ma è morto! – Esclama la donna in lacrime.
– No signora, dorme. – Risponde calmo il medico accanto a lei.
La donna si gira sull'altro fianco nel suo comodo letto. Apre gli occhi e subito vede suo marito Renato che dorme pacificamente mentre con una mano accarezza i suoi capelli neri, Renato si sveglia e con gli occhi ancora mezzi chiusi domanda che ore sono.
– Le nove. – Risponde Angela.
– Le nove? Ma arrivo tardi in ufficio! – Si alza velocemente, cerca i pantaloni nella stanza confusamente. – Sono sulla sedia, ma oggi è sabato. – Dice Angela.
– Ah, che stupido, è vero! – Risponde lui un po' rilassato. Ritorna a letto contento perché oggi non deve lavorare. Angela lo abbraccia con molta delicatezza, i loro corpi si toccano, si stringono ma dall'altra stanza sentono la voce di Lucia. – Lucia? –

– È un'ora che chiamo, c'è qualcuno che suona alla porta, perché non andate a vedere chi è! – Angela corre verso la porta, apre e davanti a lei vede due signori, che conosce: – Buon giorno, la signora Benetti? –

– Sì. –

– Suo marito è in casa? –

– Sì, perché?

– Niente di grave, possiamo parlare con lui? –

– Ma chi siete? –

– Ah, scusi signora, il mio nome è Presenti, commissario Presenti, questo è il mio assistente Balletti. –

– Cosa è successo? – Domanda Renato che intanto è arrivato in pigiama.

– Lei è il signor Benetti? –

Sì, è successo qualcosa? –

– No, niente di particolare, pura routine. Stanotte hanno rubato la sua automobile ed il ladro è andato a finire sotto un ponte, la macchina è completamente distrutta e l'uomo è in ospedale, è grave, ha perso molto sangue, i medici hanno poche speranze. –

– Questo mi dispiace. – Sussurra Angela.

– Bene, questo è tutto, per la sua macchina, telefoni all'assicurazione, e per il resto noi possiamo andare. –

– Buon giorno e scusate per il disturbo. –

– Buon giorno. – Rispondono Angela e Renato insieme.

INSALATA VERDE

Grüner Salat

– Basta! Non voglio più mangiare queste cose! Oggi voglio una bella insalata verde! – Dice Sergin che è un uccello russo venuto a Roma per passare qualche settimana di vacanza. – Se vuoi mangiare un'insalata verde, dobbiamo andare in un'altra zona, qui a Piazza San Pietro possiamo solo pregare di poter mangiare un'insalata verde. – Gli risponde Cosimina che è un uccello femmina di Roma. E dopo aver detto questo si alza in volo seguita da Sergin. – Andiamo a Piazza Navona. – Grida Cosimina. – Così vediamo anche cosa fanno i turisti stranieri. – Volentieri, una bella idea! – Dal cielo vedono i tetti delle case, le teste delle statue e quelle delle persone in piazza. Tutta la gente sta a mangiare panini, pizze, e molti gelati, perché fa molto caldo e i turisti sudano... e bevono e sudano e bevono e mangiano gelati e bevono bibite fredde e fotografano anche; fotografano monumenti e sudano e fotografano anche altri turisti che mangiano e bevono e sudano.

– Guarda quella! – Esclama Sergin. E Cosimina guarda la persona indicata da Sergin. E tutti e due guardano una turista australiana molto grassa che mangia un grande tramezzino con tonno, pomodoro, cipolle e insalata verde! – L'insalata verde! – Dice Cosimina. – E come facciamo ad avere anche noi un'insalata verde? –

– Ho un'idea! – Dice Sergin. E Sergin spiega. Ma Sergin non sa parlare bene l'italiano e così parla e parla e il tempo passa e quando finalmente Cosimina ha capito l'australiana ha finito di mangiare il grande tramezzino con pomodoro, tonno, cipolle e insalata verde.

Sergin è così triste che a momenti scoppia a piangere. Per fortuna Cosimina ha gli occhi buoni e vede un'altra turista, anche questa australiana, anche questa grassa e cosa molto importante anche lei mangia un grande tramezzino con tonno, pomodoro e insalata verde. Senza perdere tempo Sergin e Cosimina volano verso la donna che mangia e suda e beve e suda e mangia. Sergin lascia cadere una cosa (non bella e non buona) sulla testa della turista. La turista impreca, porta le mani alla testa e il tramezzino con il tonno, il pomodoro, le cipolle e l'insalata verde cade per terra. Cosimina, velocissima, prende l'insalata verde e vola sul tetto di una casa.

È così ancora adesso, se andate sul tetto di quella casa, potete vedere due uccelli felici che mangiano una insalata verde che non finisce più.

AMBURGO
Hamburg

Non ho odiato te ma la tua freddezza, quella sì.
Ho detestato la tua atmosfera calma, opulenta, senza sussulti,
la tua indifferenza...
Ho ammirato appena i tuoi occhi
uno verde e l'altro azzurro,
la tua bellezza, per molti un mito,
è un luogo comune.

Ti ho odiata per tutte le volte che
non eri ad aspettarmi alla stazione
e non venirmi a dire che non avevi tempo
perché questo, anche se è vero, è soltanto un alibi.

Ti ho amata per le lunghe serate
che mi hai regalato nell'intimità del tuo corpo bagnato
e quando altrove è gia notte buia e tutti dormono
tu metti le tue calze a rete e aspetti i tuoi amanti a gambe aperte
sotto la luce dei neon colorati o nella penombra dei tuoi capelli.

Non ti ho voluta
ma ti ho scelta.
Non mi resta che amarti ed odiarti.

Mario Parisi

MERCATO

Markt

– Il mercato affascina. I colori, i suoni che nel mercato si fondono . . . – Lo scrittore che gira tra le bancarelle osservando, godendo, soffrendo.
Il mercato di Zola; i mercati di molti paesi italiani.
Il mercato dove va tuo padre . . . tua madre.
Le bancarelle; un volto, una voce «pesce fresco» un po' rauca, ma convincente. E la folla: uno alto, le guance colorate dal freddo, l'altro grasso, schiacciato tra due donne cariche di spesa.
– I carciofi, quelli spinosi sono più buoni! – Quanto fanno? –
– 800 lire l'uno. Regalati! – Una fila di colori, la frutta: il giallo delle mele, il rosso delle arance . . . il reggicalze color carne «5000 al pezzo» che penzola qualche metro più in là.
Qualcuno ti schiaccia un piede; imprechi e vai avanti quasi trascinato dalla folla.
I formaggi si affacciano dalle vetrine del carrozzone: ricotta 900 Lire l'etto, parmigiano . . . troppo caro! Gorgonzola, un bel color verde . . .
– Tre etti di Bologna. – Domanda una faccia cicciottella.
Le olive mi attirano, il prosciutto di Parma mi stuzzica e i prezzi mi fanno soffrire.

SENSO UNICO
Einbahnstraße

– Ho anche un naso!
– E allora?!
– Sento l'odore del caffè, il profumo dei fiori e non vorrei sentire la puzza delle macchine.
– E allora?!
– Ho anche gli occhi!
– Ma che cosa...
– E vedo persone tristi e allegre, belle e brutte, arrabbiate e indifferenti, guardo film interessanti e stupidi, leggo giornali e libri e non so leggere in questa lingua.
– Ma che cosa vuoi dire?!
– Ho anche le orecchie e sento raccontare storie e racconti, e ascolto anche musica e gli uccelli e gli altri animali. E non vorrei sentire questo treno che parte senza di me.
– Ma dove vuoi arrivare?
– Ho anche la bocca e mangio, gusto, parlo e parlo, ma non ho nessuno da baciare.
– Ma che cavolo dici?
– Ho anche le mani e le dita per prendere, stringere, accarezzare.
– Ma che cosa vuoi dire?
– Che ho un naso, ma nessuna donna da odorare, che ho degli occhi ma nessuna donna da ammirare, che ho delle orecchie ma nessuna donna da sentire, che ho una bocca, ma nessuna donna da baciare e posso solo parlare, parlare, parlare.

FUTURA
Zukunft

Lui: Ciao! Bello qui vero?
Nessuna reazione, silenzio.
Lui: Ciao, parlo con te, non hai capito!
Lei guarda l'uomo con indifferenza, molto fredda, nessuna reazione.
Lui: Sei italiana?
Lei lascia capire di no con la testa.
Lui: Capisci l'italiano?
Lei: No!
Lui: Parli inglese... Do you speak English?
Lei guarda l'uomo ma non risponde.
Lui: Bella l'Italia? Italia bella?
Lei: Sì.-
Poi lei guarda il mare vicino.
Lui: Ah, il mare! Bello il mare, ti piace?
Lei: No!
Perché pensa che l'uomo vuole proporre di andare subito in spiaggia con lei. Lui capisce e cambia argomento.
Lui: Andiamo a fare un giro in macchina?
Lei: Macchina?
Lui: Sì, macchina: Bi Emme Vù! – Dice molto contento.
Lei: Bi Emme Vù?! – *Ripete lei.*
Lui: Sì, Bi Emme Vù, macchina tedesca! – E mostra la sua macchina con la mano.
Lei: Ah, BE EM WE! – *Comincia a ridere ma subito cambia la mimica in faccia.*
Lui: Allora? Facciamo un giro in BE EM WE? – *Dice l'uomo quasi sicuro.*
Lei si alza dalla sedia, guarda l'uomo dalla testa ai piedi senza parlare, dopo quattro, cinque secondi domanda in perfetto italiano: – Sai parlare italiano, tu?
Lui: Ma tu non... Scusi lei non è straniera? – *Lui usa per la prima volta la forma di cortesia.*
Lei: Io straniera? No assolutamente. – *Risponde la donna sicura.*
Lui: Scusi, ma ho visto lei qui, sola, bionda e ho pensato... – *Lui è ancora più insicuro.*

Lei: Hai pensato?
Lui: Sai qui vengono molte straniere, tedesche e qualcuna vuole conoscere qualcuno.
Lei: Io non sono tedesca? Sono di Bologna.
Lui: Adesso ho capito, scusi signora! – *L'uomo vuole andare via, ha problemi.*
Lei: È bello il mare, vero?
Lui: Il mare? No, il mare a me non è mai piaciuto, è anche inquinato.
Lei: È tua quella macchina?
Lui: Sì, no ... è di mio padre. – *Arriva una ragazza, è la sorella di lui.*
Lei: Andiamo a fare un giro con la mia macchina? – *Lui non sa cosa fare, guarda la donna, guarda la sorella, quest'ultima guarda suo fratello e la donna, non capisce cosa succede e aspetta. Lui guarda l'orologio.*
Lui: Devo andare, ho un appuntamento.
Lei: Con la prossima?
Lui: No, con un amico, studiamo insieme. – *Lui guarda la donna negli occhi.*
Lei: Sì? Vuoi dire qualcosa?
Lui: I suoi occhi sono molto belli, signora!
Lei: Grazie.
Lui: Ciao, io mi chiamo Giovanni, per gli amici Jo.
Lei: Ciao, io mi chiamo Stella.

Questo è stato il primo incontro. Un anno dopo si sono sposati e adesso hanno una figlia che si chiama Futura.

A TE
Für dich

Ti ho aperto il mio cuore
e come un bimbo ti ho guardata.
Un bambino che non parla,
ma ascolta, vede, sorride.
Un bambino che non da risposte,
ma domanda, vede, piange.
Un bambino che da la mano
e aspetta, vede, sorride.
Un bambino che sente, vede,
sorride e piange.
Torna cuore al finir del giorno,
vieni amore nelle braccia della notte
che lunga è la via per andare lontano.

Liborio Pepi

GINA FA ...

Gina macht...

La mattina si alza alle otto e fa colazione. Qualche volta, mentre beve il caffè, ascolta le notizie alla radio. Non legge spesso i giornali perché anche quelli dicono le stesse cose che dice la radio. Ha cominciato a leggere un libro un paio di settimane fa, ma è riuscita a leggere soltanto alcune pagine. Perché ha difficoltà di concentrazione. Dopo colazione normalmente fa un giro in bicicletta e due volte alla settimana va in piscina a fare il bagno. Ma Gina non è molto contenta della vita che fa. Ieri, per esempio, è andata in banca e ha fatto la fila per mezz'ora, poi è andata alla posta e anche lì ha dovuto fare la fila davanti allo sportello. Quando è ritornata a casa ha fatto qualcosa da mangiare e dopo aver mangiato ha passato il pomeriggio a leggere le offerte di lavoro sul giornale perché lei è disoccupata da otto mesi e cerca un lavoro. Non è facile trovare un lavoro in Italia, ci sono milioni di disoccupati e tutti cercano un lavoro. Per fortuna Gina ha un po' di soldi in banca e così no fa la fame ma la sua vita è snervante. Qualche volta ha già pensato di andare via lontano e di fare una vita più tranquilla e meno stupida della vita che fa lei e la maggior parte delle persone che conosce. Ma queste sono solo idee, desideri...

Durante il fine-settimana fa qualcosa di più divertente con qualcuna delle sue amiche: in primavera una gita in campagna, in estate al mare e qualche volta conosce anche delle persone simpatiche. Gina fa cose diverse ma non è molto contenta della sua vita perché lei vuole un lavoro, un lavoro che cerca e non trova. Stamattina si è alzata senza nessuna voglia e la prima cosa che ha fatto è stato guardare la posta. Oggi è arrivata una lettera interessante, un'offerta di lavoro come disegnatrice di moda presso un'agenzia, la sua professione. Nella lettera c'è scritto che deve presentarsi fra tre giorni: «Finalmente qualcuno si interessa di me, forse questa volta ho trovato il lavoro che ho sempre desiderato!» Pensa, mentre legge due, tre volte la lettera. Tre giorni dopo si alza alle sette, anche se l'appuntamento è solo alle nove. Fa la doccia, si lava i capelli. «Un po' di Make up non fa male!» Pensa. Poi si veste ma cambia i vestiti tre, quattro volte, è indecisa non sa bene cosa mettere. Infine decide di vestirsi tutta in nero; camicetta, minigonna, calze e scarpe nere. Un ultimo controllo nello specchio e adesso è veramente pronta, anche per fare a pugni!

ESTREMI

Extreme

11.7.1990
– Pronto.
– Ciao Marco, come stai?
– Male, qui fa troppo caldo: 35 gradi all'ombra! E tu come stai?
– Anch'io sto male: qui fa troppo freddo: piove da un mese!

12.7.1990
– Pronto.
– Ciao Hans, come stai?
– Male, ieri sera ho bevuto troppo vino e adesso ho un mal di testa terribile! E tu?
– Anch'io sto male: ieri sera ho mangiato troppo e adesso ho un mal di stomaco terribile!

13.7.1990
– Pronto.
– Ciao Marco, come stai?
– Male, sono stufo di tutti! Questa casa mi sembra una stazione della ferrovia: ogni cinque minuti viene a trovarmi qualcuno. E tu?
– Anch'io sto male: mi sento solo come un cane perché tutti i miei amici sono andati in vacanza.

14.7.1990
– Pronto.
– Ciao Hans! Stai male?
– No, oggi sto benissimo: splende il sole, ho mangiato bene ed è venuta a trovarmi Lucia. E tu?
– Anch'io sto benissimo: piove, ho bevuto solo acqua e sono partiti tutti i miei amici!

SONO UNA DONNA, NON SONO UNA SANTA

Ich bin eine Frau, keine Heilige

Porto Santo Stefano si trova sul mare. È una stupenda cittadina dove ogni tanto vado per lavoro. Adesso sono seduto davanti a un bar di questa città e bevo qualcosa contro il caldo che oggi è molto forte anche se sono solo le nove di mattina. Il bar si trova in una stradina dietro al porto e dalle finestre aperte delle case si possono ascoltare molte cose: voci di gente che parla molto forte, diversi programmi radio, casalinghe che cantano meglio di Milva e di Maria Callas. In mezzo a tutti questi rumori, sento due donne mentre parlano tra di loro direttamente sopra di me. Una è giovane, porta ancora una camicia da notte bianca, trasparente e ha i capelli lunghi e neri, l'altra seduta sul balcone di fronte, è una signora sulla cinquantina si è appena lavata i capelli e aspetta che si asciugano al sole, nella mano tiene uno specchio.

– Buon giorno, signora, di nuovo caldo oggi! – Dice la donna giovane.

– Eh sì, è il tempo suo. – Risponde l'altra.

Dalla conversazione capisco che la signora più anziana è di Roma e viene ogni anno a Porto Santo Stefano in vacanza. La donna in camicia da notte è del posto e si è sposata l'anno scorso. Le due donne, come succede spesso in Italia, parlano della loro vita privata anche se non si conoscono molto bene.

– Come va la vita in due, tutto bene signora? – Domanda la signora di Roma.

– Sì tutto bene, mio marito però è un po' geloso ... – Risponde l'altra.

– Gli uomini, e i mariti specialmente sono tutti uguali: la mattina escono, stanno fuori tutto il giorno, la sera tornano a casa e vogliono trovare la cena pronta, poi vogliono fare l'amore e noi? – Fa una breve pausa ma riprende subito a parlare. – Noi dobbiamo essere sempre pronte, sempre vogliose! –

– Mio marito è come dice lei, signora! – Risponde la donna giovane.

Dalla finestra accanto si sente la voce di un'altra donna che canta una vecchia canzone degli anni sessanta: «Sono una donna, non sono una santa ...»

– Macchè santa! Abbiamo anche noi le nostre voglie no? –

– E come, non siamo certo di ghiaccio! – Risponde la donna di Roma.

La conversazione si interrompe perché arriva un camion con la frutta

e il venditore, un uomo napoletano grida: – Cocomeri, comprate i cocomeri, mille lire al chilo, mille lireee. –
Qualche secondo più tardi, la conversazione fra le due donne continua. Parlano di diverse cose e vanno molto d'accordo, si capiscono e si domandano come si chiamano: Giulia è il nome della donna più giovane mentre la signora di Roma ha un nome che si sente raramente, Aurora.
– Aurora, mi scusi, forse sono un po' indiscreta, ma a lei non è mai successo di sentire qualcosa per un'altro... voglio dire... non ha mai conosciuto un altro uomo... non ha mai avuto niente con un altro uom... –
– Se devo dire la verità una volta c'è stato qualcun altro, ma molti anni fa. –
– E suo marito? – Domanda Giulia.
– Mio marito? Lui deve stare zitto, io ho avuto una volta un'altro ma lui! Lui ha avuto dieci, venti donne! – Poi continua:
– Ah, oggi è diverso c'è più libertà di prima, anche noi donne abbiamo il diritto di fare quello che fanno loro, gli uomini! La vita si deve vivere, da giovane! –
– Pensa, signora? – Dice Giulia insicura.
La conversazione continua ma non capisco più niente perché un'altra voce dal terzo piano canta così forte una vecchia canzone: «Quanto è bello il primo amor, il secondo è più bello ancor!». Io mi alzo perché fra due ore devo essere a Firenze dal prossimo cliente, purtroppo.

IL MUSICISTA DI VITERBO

Der Musiker von Viterbo

Ho un amico che vive a Viterbo, un vecchio amico. Ha una grande passione per la musica classica. Durante il giorno ascolta i programmi di musica classica alla radio: le grandi opere dei più grandi musicisti. Il suo grande sogno è sempre stato di fare il dirigente d'orchestra come Karajan, Muti. Ma un suo sogno ancora più grande è quello di rappresentare la Cavalleria Rusticana all'Arena di Verona, in una sera calda di agosto. Il mio amico, che si chiama Virgilio, tutte le sere ascolta la Cavalleria Rusticana insieme ad un suo, diciamo, collega. Ogni sera, dopo le ore venti, girano in macchina per le strade senza macchine della città e ascoltano la grande opera. Virgilio guida e Cesare l'amico sta seduto vicino e in silenzio ascoltano la musica dallo stereo della macchina.

Una sera, per cambiare, sono andati verso Orvieto. Dopo una decina di chilometri sulla destra hanno visto il cartello: Anfiteatro Romano di Ferento. Virgilio ha subito cominciato a cantare l'aria del Barbiere di Siviglia e ha notato l'ottima acustica; poi ha detto: – Qui possiamo venire a provare la Cavalleria Rusticana! –

– Come mai non ci abbiamo pensato prima! Questo posto è il massimo che si può avere! – Ha risposto Cesare. I due amici così, tutte le sere verso le venti, vanno a Ferento. Quando loro arrivano, davanti al teatro ci sono ancora alcune macchine ferme. Dentro ci sono giovani coppie di amanti che fanno l'amore ma vanno via subito dopo perché le ragazze devono stare a casa per le ventuno. Quando finalmente non c'è più nessuno cominciano a provare la «loro» opera. Virgilio e Cesare hanno soltanto un clarinetto ed un violino. Tutto qui. Decidono così di registrare tutta l'opera con le loro voci.

Sono così bravi che dopo un mese hanno terminato la registrazione e ascoltano la cassetta con grande emozione. Alla fine si guardano, hanno gli occhi rossi: sembra una vera orchestra!

Così, quasi tutte le sere dopo che i giovani amanti sono ritornati a casa, loro entrano nell'anfiteatro e ascoltano l'opera ad altissimo volume da un vecchio registratore. Certo non sono all'Arena di Verona, non c'è il pubblico, non ci sono persone eleganti, importanti, ma ci sono loro due, la loro musica e come pubblico ci sono le stelle in cielo e tutti gli animali delle colline vicine.

UN RIFLESSO

Eine Spiegelung

Lui si stende sul letto, di fronte c'è uno specchio, un grande specchio. La sua faccia si riflette in tutte le sue parti: lui si osserva i lunghi capelli biondi, si accarezza con dolcezza; vicino a lui l'immagine di lei. Lei e lui, lui e lei fino a due giorni prima in sud Italia.
La sabbia: è bello accarezzarsi.
Si baciano.
Si amano.
Il mare: un'onda si avvicina,
i loro piedi s'immergono nell'acqua.
Si alzano, corrono, e mano nella mano fanno la doccia sotto il caldo sole.
Si asciugano con i raggi solari.
La bocca di lei si apre e sussurra: – È bello. –
Quella di lui risponde: – Sì è proprio bello. –
Lui afferra la bottiglia di vino rosso . . .
si ubriaca e si addormenta, mentre un piccolo missile . . .

VUOTA O PIENA? NORMALITÀ O PAZZIA?

Leer oder voll? Normalität oder Wahnsinn?

Voglio prendere un pianoforte che suona, una bottiglia di vino... vuota? No, meglio piena, sul tavolo, e c'è anche qualche sigaretta e dei libri sul pavimento, vedo anche un letto in questa stanza. Una stanza al quarto piano, una stanza bianca, fredda come quella di un ospedale... il letto è grande; è coperto da un lenzuolo bianco...
I personaggi? Non so chi sono i personaggi di questa storia, non conosco neanche il suo sviluppo, ma per fortuna posso accendere una sigaretta e bere un bicchiere di vino. È un po' povero questo inizio: è senza fantasia. Non riesco a fare altro che descrivere quello che vedo intorno a me. C'è anche un foglio sul tavolo, dove qualche tempo prima ho disegnato dei punti, delle linee senza senso. Penso di prendere il foglio, di guardare quelle linee e osservare quei punti, così tanto per fare qualcosa... cosa succede?! Che strano! Riprovo ancora... niente! Cosa?! Ancora una volta e un'altra ancora... sempre niente! Porto e riporto la mano vicino al foglio, cerco di prendere un angolo del foglio tra le dita...brrrr che strano, che paura... provo con violenza... niente! Scusate: devo fare una pausa, ho bisogno di un altro bicchiere di vino. Bene, adesso posso riprovare... ma perché non riesco a prendere questo foglio? Guardo... i miei occhi guardano... ci sono due occhi disegnati sul foglio, una faccia, la sua espressione, molti occhi, mille, duemila espressioni, tutte diverse. Occhi dolci, sadici, tristi, allegri, diavoleschi... Mi alzo velocemente e adesso mi trovo pieno di terrore! Mi trovo per strada e penso a quel letto, quel foglio, quella stanza, quel tavolo, quella bottiglia... piena o vuota? Quel...? Dove sono stato? Che è successo?

Anhang

Lösungen der Puzzles und Tests

Seite 19
in, a, in, da, da, a
Marco è a Roma / in Italia / da Giulia.
Firenze è in Italia / in Toscana / in Europa.
Sergio e Carlo sono da Maria / in Sicilia / a Palermo.
Rita è da Marco / a Napoli / in Italia.

Marco è a Roma. Carlo è da Francesca. Pino e Sandra sono da Luigi. Maria è in Sicilia/Italia. Piero e Carlo sono in Sicilia/Italia. Marisa è da Sergio.

da – denn: siamo a Tripoli
a: siete da Elena, da Marco, da Luigi
da – denn: sei in Francia, in Italia, in Africa
a – denn: in Asia, in Africa, in Europa, in America

Seite 24
1. l'impiegato 2. la casalinga 3. il commesso 4. il barista 5. il medico

1. negozio 2. ambulatorio 3. bar 4. casa 5. ristorante

Seite 30
1. una sigaretta 2. Pisa 3. Pisa 4. musicista 5. al bar

Seite 31
un caffè / uno scompartimento / un giornale / uno sportello / uno zaino / un libro / una casa / una famiglia / una stazione / un'edicola / un'arancia / una penna

Seite 33
due giorni / quattro sportelli / sei libri / otto biglietti / dieci posti / tre studenti / cinque binari / sette uomini / nove zaini

due macchine / quattro donne / molte persone / tre edicole / due stazioni / sei biglietterie / sette penne / due partenze

case studenti chiavi

Seite 39
avere – weil es ein Verb ist; alle anderen Wörter sind Substantive.
aereo – weil es ein Substantiv ist; alle anderen Wörter sind Verben.
posto – weil alle anderen Wörter Fortbewegungsmittel bezeichnen.
andare – weil es ein Verb ist; alle anderen Wörter sind Adverbien.

Seite 36

Orizzontali	Verticali
1. binario	1. donna
2. viaggiatore	2. domani
3. uomini	3. libri
4. impiegato	4. biglietto
5. sportello	5. filtro
6. barista	6. italiano
	7. caffè

Seite 39
prendo, vado, faccio, vado, va, lavora, vengono

1. Io sono di Pisa e lavoro come musicista, ma la mia famiglia abita qui.
2. Qualche volta andiamo al bar a prendere un caffè.

Seite 44
1. qualche volta 2. sempre 3. niente 4. caldo 5. con 6. notte

1. libero 2. stazione 3. città 4. disoccupato 5. cinema 6. filtro 7. cameriere

Seite 46
1. falso 2. falso 3. falso 4. vero 5. falso 6. falso

Seite 47
1. falso 2. falso 3. vero 4. vero 5. falso 6. falso 7. falso
a. è affollato b. le paste sono finite c. non lavora quasi nessuno

Seite 48

1. Marisa sta così così, perché ha molto da fare.
2. Con due vecchi amici.
3. Giorgio propone a Marisa di fare qualcosa insieme.
4. Marisa lavora fino a sabato.
5. Il numero di telefono di Marisa è 405823.

Seite 50

1. viene/viene 2. prende/prende 3. lavora 4. è/viene 5. hanno 6. hanno 7. si chiama 8. vanno

Seite 51

1. la 2. le 3. la 4. le 5. l' 6. le

1. la signora 2. la settimana ... con la macchina 3. la cena 4. la casa 5. la stazione 6. l'automobile 7. l'edicola 8. la famiglia ... con la macchina 9. la motocicletta 10. l'informazione

Seite 52

1. il 2. i 3. l' 4. gli 5. lo 6. gli 7. lo 8. gli 9. il 10. i

1. l'amico 2. l'appuntamento 3. il numero 4. il tavolo 5. il giornale 6. il vino 7. lo studente ... lo spagnolo 8. il disco 9. lo zaino

Seite 53

1. la Sicilia 2. il Tevere 3. il Veneto 4. il Lazio 5. lo Ionio

Seite 57

Franco lavora in un grande ufficio e fa l'impiegato.
Il suo lavoro è interessante ma qualche volta è anche noioso.
Lui abita in una piccola casa in una grande città.
Franco va a lavorare quasi sempre in macchina, una vecchia Alfa Romeo rossa.
Lui ha un'amica. Lei si chiama Marina.
Marina è una donna giovane e bella. Anche Franco è un uomo giovane ma lui non è molto bello.
Marina abita in una piccola città insieme ad un'amica.
Marina lavora e studia. Il suo lavoro è quasi sempre snervante ma il suo studio è divertente e solo raramente è difficile. Oggi Franco e Marina hanno un appuntamento in un bar alternativo.

Seite 59

telefono – weil es ein Substantiv ist; alle anderen Wörter sind Adjektive.
lo studente – weil es ein Substantiv ist; alle anderen Wörter sind Verben.
proporre – weil es ein Verb ist; alle anderen Wörter sind Substantive.
la Sicilia – weil es eine Insel ist; alle anderen Wörter sind Länder.
lo zucchero – weil alle anderen Wörter im Zusammenhang mit Telefonieren zu tun haben.
vai a casa? – weil es kein Vorschlag ist.

Io lavoro in un ufficio turistico. La mattina vado a lavorare in bicicletta. La strada è sempre piena di macchine, gli autobus sono sempre affollati. Perché non vanno anche loro in bicicletta? Poi vado al bar a prendere un cappuccino. Il bar è sempre pieno ed io faccio la fila alla cassa. Anche l'ufficio dove io lavoro è sempre pieno di turisti che domandano informazioni. Oggi è sabato e non lavoro, il sabato è sempre libero. Quando non lavoro faccio qualcosa con un'amica. Qualche volta andiamo in macchina al mare. È molto bello il mare! Il mare è azzurro, la spiaggia non è affollata, al bar noi non facciamo la fila alla cassa. Prendiamo una bottiglia di vino. È buono il vino! I nostri bicchieri sono pieni di vino, la spiaggia non è affollata... Questa sera c'è luna piena. Forse questa sera io e la mia amica facciamo qualcosa insieme sulla spiaggia!

Seite 61

Orizzontali	Verticali
1. stare	1. andiamo
2. domani	2. libera
3. nuovo	3. dove
4. caldo	4. treno
5. pigro	5. sabato
6. rosso	6. dolce
7. vecchi	7. stazione
8. giovane	8. grande
9. propone	9. divertente

Seite 68

1. subito 2. giovane 3. il lago 4. insieme 5. vivace 6. piccola 7. fragola 8. la luna 9. la televisione

1. non fa niente 2. ritirare 3. essere pieno 4. arrivare 5. proporre 6. avere da fare 7. mangiare

Seite 70

1. vero 2. falso 3. falso

Seite 71

1. l'Italia ha 20 regioni 2. in Italia ci sono 55 milioni di abitanti 3. gli italiani suonano, mangiano, cantano 4. i bambini italiani giocano sempre

Seite 72

1. bella 2. il sole 3. il mandolino 4. i bambini

Seite 73

prima coniugazione: 1. ascolto 2. aspetta 3. canti 4. mangi 5. compra
seconda coniugazione: 1. prende 2. vedo 3. chiede 4. spendi
terza coniugazione: 1. parte 2. sentite 3. apri

Seite 74

1. preferisce 2. vogliamo/vieni 3. capisco 4. potete 5. bevono 6. dici 7. facciamo 8. dobbiamo 9. pago 10. costruiscono

Seite 75

1. canto. 2. prendi. 3. ascolta. 4. mangia. 5. compriamo. 6. bevete. 7. costruiscomo. 8. prendo. 9. spendi. 10. ascolta. 11. apre. 12. chiediamo. 13. dite. 14. capiscono. 15. faccio. 16. paghi. 17. costruisce.

1. preferiamo 2. vogliamo 3. dobbiamo 4. devo/voglio 5. devo 6. vogliamo/possiamo 7. voglio 8. desideriamo

Seite 76

Vieste, 20 agosto 1989
Cara Monika, qui si sta molto bene; abbiamo molto da fare con i bambini, la casa, le spese, ma ci divertiamo molto. Fa molto caldo, il mare

è meraviglioso, la gente è simpatica e …… il vino non manca. Non so se ritorno! Ciao, ciao Sonia.

Seite 78

1. Quando vi vedete? 2. Dove va Spiff? 3. A chi telefoniamo? 4. Hai il telefono? 5. Com'è questo libro? 6. A che ora mangiate? 7. Dove abiti?

1. canta 2. vanno/comprano 3. dicono 4. pensiamo 5. vai 6. parlate 7. gioca 8. mangiamo 9. prende 10. paga

Seite 83

1. 6 (sei) 2. 1 (primo) 3. 1 (prima) 4. Vittorio Emanuele III/Pio IX/ millenovecentoventotto

Seite 85

Pronto, chi parla?
Buon giorno, sono Luisa.
Ciao Luisa.
C'è Francesca?
Sì, ma è a letto.
Come, non sta bene?
No, no, è solo pigra.
Va bene, richiamo più tardi. Arrivederci.
Ciao.

Seite 87

quattro sei sessantacinque sei

7676. 67. 6. 76. 766. 6666. 6767. 767. 676. 7. 7666.

Gerade: due venti sei otto quattro quattordici dieci dodici diciotto sedici trenta ventiquattro
Ungerade: uno tre undici nove tredici diciannove diciassette cinque sette quindici ventitre

Die 22 gehört nicht zur Gruppe, denn die restlichen Zahlen sind Vielfache von 3.
Die 16 gehört nicht zur Gruppe, weil alle anderen Zahlen eine Null beinhalten: 10/100/150/30.

Seite 88

Orizzontali	Verticali
1. vita	1. trenta
2. sessantasette	2. quarto
3. abitanti	3. meraviglioso
4. ma	4. stiamo
5. giocare	5. ACI
6. compleanno	6. preparano
7. sole	7. affollato
8. facile	8. pieno
9. posso	

Seite 98

1. falso 2. falso 3. falso 4. falso 5. falso 6. falso

Seite 99

L'orologio di Roberto fa le 23.30.
Pino propone di andare a sentire musica.
Il capolinea si trova in Via Ricasoli.

Seite 101

1. Propone di andare a sentire musica.
2. Fanno musica Jazz.
3. Sì.
4. Preferisce andare a letto.

Seite 104

Navona / Pilotta

Seite 108

1. Oggi è il 26 luglio.
2. Alle 9 Lia ha un appuntamento con Giorgio al bar.
3. Il pranzo da Simona è alle 13.
4. Lia telefona a Giorgio alle 17.

Seite 111

1. Il Palio è una corsa di cavalli.
2. Le vacanze.
3. No, ci sono lunghe code in autostrada.

Seite 113

1. a 2. dal ... al 3. in

1. alle 2. alle 3. da/a 4. tra 5. dalle

1. TG 3 Set. Regia di E. I.
2. alle 18.25
3. alle 16.15

Seite 114

Orizzontali	Verticali
1. adesso	1. destra
2. basso	
3. finisce	3. attore
4. sera	4. inverno
5. attraversi	5. pensate
6. novembre	6. diritto
7. girate	7. tu
8. giugno	8. mercoledì
9. giuste	9. senti
10. gennaio	
11. ot	

Seite 115

dormire – weil es keine Bewegung ausdrückt und ein Verb der 3. Konjugation ist.
quadro – weil alle anderen Wörter mit der Uhrzeit zu tun haben.
le sette – Man muß die 3. Person Plural vor die Uhrzeit setzen: Sono le sette.
estate – weil es eine der vier Jahreszeiten ist.

1. c: io penso che
2. c: si ascolta un gruppo
3. c: un musicista molto bravo

Seite 124

1. vero 2. falso 3. falso 4. falso

Seite 125

È una persona molto sensibile.
Sento ancora presente la sua voce che parla di una clinica, di una lunga

malattia nervosa, di un'infanzia infelice.
Ciao Marisa, che piacere sentirti!
Anch'io ho molta nostalgia di te.
Oh che bello! Ti aspetto a braccia aperte.

1. falso 2. vero 3. falso 4. vero

Seite 126

1. Nel suo diario Spiff scrive i suoi pensieri, le sue voglie, i suoi ricordi, le sue esperienze.
2. No.
3. Marisa propone a Spiff di andare da lei in Italia.
4. No, non va in motocicletta ma in treno.

Seite 128

1. mia 2. vostra 3. mio / il tuo 4. loro 5. suo 6. Sua 7. nostra

Seite 129

tuoi mia tua nostro loro vostro Sua sua vostra mia/ tua suo Loro

mia / Com'è la tua città?
suo / Dov'è il suo posto di lavoro?
nostra / Com'è la vostra idea?
Suo / Che cosa vuole?
loro / Come vengono?
suoi / Che cosa dice Marina?
miei / Quando arrivano i miei?

Cara Giulia,
le nostre vacanze in Toscana sono finite da tre mesi, lo so, ma non posso dimenticare i tuoi occhi verdi, le tue labbra rosse, i tuoi lunghi capelli neri. Ricordo i nostri giorni e la nostra notte in riva al mare, la tua lingua, l'italiano, che non parlo bene come tu sai. Ah, non ti ho ancora domandato come stai. E come sta tua sorella Irene? Come va il suo rapporto con Marco? Forse le mie frasi in questa lettera sono troppo stupide, forse tu non sai più neanche il mio nome, forse i tuoi ricordi non sono così nitidi come i miei. Ma i miei occhi vedono solo il tuo volto.
Aspetto una tua risposta, ciao, Giulia.

Seite 136
portafoglio – weil alle anderen Wörter mit dem Strand zu tun haben.
nonno – weil alle anderen Wörter Körperteile bezeichnen.
tue – weil alle anderen Wörter die 1. Person Singular ausdrücken.
profumo – weil es ein Substantiv ist.
1. b: una testa senza capelli
2. a: una cosa con molti colori

Seite 137

Orizzontali	Verticali
1. nostra	1. teste
2. piedi	2. nipote
3. capelli	3. mani
4. vostri	4. ultimo
5. diario	5. fiori
6. miei	6. corpo
7. silenzio	7. sveglia
8. cugino	8. bocca
9. doccia	9. nonna
10. mia	10. zio
	11. gamba

Seite 144
1. Il signore Losbronzo ha conosciuto il figlio di Barberini a Vignanello durante la Fiera del Vino.
2. Losbronzo vuole andare ad Asti per conoscere i vini alla Cantina Sociale di Barberini.
3. La lettera della dottoressa Nonsaniente porta la data: 1. 1. 1990.

Seite 145
1. falso 2. falso 3. falso 4. falso

Seite 147
1. Domani Marisa vuole dormire fino a tardi.
2. Propone di partecipare a una festa.
3. No, non sa nuotare bene.

Seite 150
di / complemento di provenienza
dei / complemento di specificazione

di / complemento di età
della / complemento di specificazione
degli / complemento di specificazione
di / complemento di materia
di / complemento di argomento
di / complemento di quantità
di / complemento di moto a luogo
di / complemento di materia
di / complemento di tempo
d' / complemento di tempo

al / complemento di moto a luogo
all' / complemento di stato in luogo
alle / complemento di tempo
al / complemento di prezzo
al / complemento di modo
a / complemento di distanza
a, all' / complemento di misura

Seite 151
da / complemento di moto a luogo
dal / complemento di moto a luogo
da / complemento di fine
da / complemento di fine
dagli / complemento di qualità
dalle / complemento di tempo
da / complemento di prezzo
dalla, alla / complemento di tempo
dai, ai / complemento di stima

in / complemento di mezzo
in / complemento di stato in luogo
in / complemento di limitazione
in / complemento di moto a luogo
complemento di stato in luogo
negli / complemento di moto a luogo
nella / complemento di stato in luogo

con / complemento di compagnia e unione
con / complemento di relazione
con / complemento di modo

con i / complemento di qualità
con la / complemento di causa
con la / complemento di limitazione
con l' / complemento di tempo

Seite 152
sul / complemento di stato in luogo
sul / complemento di moto a luogo
sul / complemento di stato in luogo
sulla / complemento di argomento
sui / complemento di stima
sul / complemento di moto a luogo

per / complemento di moto a luogo
per / complemento di mezzo
per / complemento di fine
per / complemento di vantaggio
per / complemento di limitazione
per il / complemento di causa
per / complemento di limitazione

tra / complemento di tempo
fra le / complemento di tempo
tra / complemento di stato in luogo
fra / complemento di moto a luogo
tra la / complemento partitivo
fra i / complemento di relazione
tra/complemento di relazione

Seite 159
1. a / alle
2. della / di / di / al / a
3. della / sul
4. del / nel
5. per / per
6. tra / di
7. dal /al
8. con / per / del
9. sul / al
10. di / sulle

Seite 164

dormire – weil alle anderen Wörter Handlungen ausdrücken, die auf einem Fest ablaufen.
nuotare – weil alle anderen Wörter mit Wintersport zu tun haben.
tenda – weil alle anderen Wörter nur mit Baden zu tun haben.
sacco a pelo – weil alle anderen Wörter Hotelzimmer bezeichnen.

1. b: dormire fuori
2. c: tipo di malattia
3. a: molto pieno

Seite 165

Orizzontali	Verticali
1. dalla	1. agli
2. prende	2. indeciso
3. mare	3. bagnino
4. nuotare	4. preferire
5. bagniamo	5. spiaggia
6. partecipare	6. proporre
7. albergo	7. campeggio
8. festa	8. ambiente
9. dello	9. risparmio
10. pranzo	10. zaino
11. lavoro	

Seite 174

1. falso 2. falso 3. falso 4. vero 5. vero

Seite 175

1. falso 2. falso 3. ristretti 4. vero

Seite 177

1. Vanno a passeggiare.
2. No, è appena arrivato.
3. Sì, Spiff ha bevuto.
4. Per una «stupidaggine».

Seite 180

1. è tagliato / conosciuto / invitato.
2. Ha passato / è stato/ha mangiato.

3. Hanno suonato / ho visto / mi è piaciuto.
4. Ho ricevuto / sei partito / ha più telefonato / ho chiuso / ho dormito.
5. Hanno fatto / sono venute / sono andati.
6. Ha letto / ha telefonato / ha parlato / ha trovato.

Seite 181
1. Abbiamo dovuto aspettare.
2. È potuta venire.
3. Sono volute restare.
4. Siete potuti andare.
5. Hai potuto fare in tempo.
6. Siamo voluti partire subito.
7. Hai dovuto lavorare.

Oggi ho avuto molto da fare e così sono rimasto fuori tutto il giorno. Stamattina sono dovuto andare all'ufficio di collocamento, sperando di trovare un lavoro. Poi ho dovuto cercare mio fratello per farmi prestare dei soldi. Ho dovuto prendere il tram numero 16 e dopo quattro fermate sono dovuto scendere per prendere il numero 22.
Dopo ho mangiato un panino e ho bevuto un'aranciata in un bar. Alle 16.00 ho ritirato due libri dalla biblioteca e poi, finalmente, sono potuto ritornare a casa.

Seite 182
1. Pirandello è nato il 28 giugno 1867.
2. A dodici anni ha scritto una tragedia.
3. L'Epilogo è un testo teatrale.
4. Sì, perché ha ricevuto il Premio Nobel.

Seite 183
Venditti è nato a Roma. Durante gli anni sessanta fino agli inizi dei settanta ha frequentato il leggendario Folkstudio a Roma dove si è esibito insieme ad altri cantautori. Al grande pubblico italiano si è imposto con il pezzo «Roma Capoccia» cantato in dialetto romano. Venditti è considerato un cantautore impegnato, le sue canzoni parlano di ingiustizie sociali e di rivoluzione. Nel 1972 ha pubblicato il suo primo disco con un altro cantautore Francesco De Gregori. Nel 1975 ha pubblicato un nuovo lavoro dal titolo «Lilly». Con questo disco

Venditti ha trattato per primo in Italia il dramma dell'eroina attraverso una canzone. Questo album ha avuto grosso successo e raggiunto grandi vendite. Nel 1978 ha pubblicato «Sotto il segno dei pesci». La critica non ha accolto con favore questa «svolta» di Venditti e l'na accusato di avere prodotto qualcosa di commerciale. Venditti ha risposto che gli anni settanta sono finiti e che il periodo delle canzoni di protesta è morto. Milioni di dischi venduti anche in Francia, Germania e Grecia hanno caratterizzato l'attività artistica di questo cantautore negli anni ottanta.

Seite 184

1. Claudia Cardinale
2. Enrico Caruso
3. Federico Fellini
4. Sophia Loren
5. Giovanni Giacomo Casanova
6. Niccolò Machiavelli

Seite 185

passeggiato – weil es das Passato prossimo mit avere bildet.
partito – weil es das Passato prossimo mit essere bildet.
bevuto – weil es das Passato prossimo regelmäßig bildet.
mangiato – weil es ein Verb der ersten Konjugation ist.

1. a. Ho bevuto un caffè con poca acqua.
2. b. Non andare d'accordo.

Enzo Ferrari

Seite 186

Orizzontali	Verticali
1. proposto	1. passato prossimo
2. sceso	2. ricco
3. creduto	3. pesce
4. ordinare	4. tardi
5. negozio	5. ordine
6. scendere	6. riuscire
7. sì	7. in
8. no	8. cenare
9. irregolari	9. niente
10. storie	10. ora

Seite 195

1. Michelangelo ha terminato la Cappella Sistina nel 1512.
2. Ci sono stati 265.
3. L'imperatore Elio Adriano ha fatto costruire Castel S. Angelo.
4. Sì, è vero.
5. Al Foro ha avuto luogo la vita pubblica.
6. La fontana del Bernini si trova sotto la scalinata.
7. È un punto d'incontro.
8. Le quattro statue della fontana centrale di Piazza Navona rappresentano: il Danubio, il Nilo, il Gange, il Rio della Plata.
9. Per poter ritornare a Roma.

Seite 196

1. falso 2. falso 3. falso 4. vero

Seite 197

1. Marisa si è svegliata tardi perché ieri sera si è addormentata alle tre.
2. Si ricorda della sera prima.
3. Marisa non si dimentica della fretta avuta nel cercare i loro vestiti.
4. Marisa cerca i vestiti, sotto il letto, dietro al sofà, accanto al lavandino...
5. La pizzeria è di fronte alla casa di Giorgio.
6. La cucina di Giorgio è piccola e stretta.
7. Giorgio pensa che non ha voglia di lavare, cucinare...

Seite 199

1. si sono svegliate
2. si conoscono
3. ti chiami Alfred
4. ci incontriamo
5. vi vedete
6. mi sento
7. si accarezza

Seite 204

1. Marietto oggi vuole invitare a cena molti amici.
2. Oggi i negozi chiudono all'una.
3. Nel quartiere ci sono tre negozi di alimentari.
4. Vuole comprare la carne, il detersivo, il parmigiano ecc.
5. No, non riesce a fare la spesa.

Seite 207

davanti o sotto – sotto ist nicht das Gegenteil von davanti.
accidenti – weil es kein Verb ist.
alto o caro – weil beide in bezug auf Preise keine Gegensätze sind.
alimentari – weil es maskulin ist.

1.
a. avere poco tempo a disposizione
2.
b. cento grammi
3.
b. un prodotto a prezzo basso

Seite 208

Orizzontali	Verticali
1. lista	1. alimentari
2. domenica	2. sentirsi
3. vicino	3. accidenti
4. diventi	4. dimenticare
5. addormentarsi	5. vino
6. frigorifero	6. poltrona
7. davanti	7. sofà
8. lettera	8. destra
9. armadio	9. dietro
10. ora	10. tempo
	11. diamo

Seite 216

1. vero 2. falso 3. falso 4. falso 5. vero 6. falso

Seite 217

1. vero 2. falso 3. vero 4. vero

1. Signorina questi sono due colori che vanno moltissimo.
2. Venga con me signore, ecco vada giù in fondo, la cabina è subito sulla sinistra.
3. Adesso ha bisogno di una camicia che stia bene sui pantaloni.
4. Crede? La provi e prenda anche quest'altra, è una misura più grande.

Seite 219

1. Giorgio non vuole entrare nel negozio di abbigliamento.
2. I colori che vanno di moda sono scuri.
3. Sì, Giorgio misura anche la camicia.
4. No, i pantaloni sono pronti stasera.

Seite 222

1. va' 2. state 3. facciamo 4. vada/giri 5. prendiamo/andiamo 6. di' 7. dire 8. telefoni 9. venite 10. entrino 11. aspettate 12. parlare 13. toccate 14. corri / fa 15. venga

Seite 224

Spaghetti al pesto:
Prendete il basilico, l'aglio ed i pinoli e tritate il tutto con un coltello. Mettete il basilico, l'aglio ed i pinoli tritati in una scodella. Versate ora nella scodella l'olio d'oliva. Aggiungete sale e pepe.
Versate il pesto sulla pasta scolata e mischiate bene la pasta con il pesto. Aggiungete del parmigiano grattugiato e servite in tavola.

Seite 225

1. automobile 2. digestivo 3. profumo 4. scarpe 5. campagna contro il fumo 6. protezione ambiente 7. diamanti

Seite 227

1. Pensa che è uno dei migliori musicisti.
2. Perché i giovani per la musica spendono più degli adulti.
3. Perché con la musica Rock, i guadagni sono bassi.

Seite 229

1. più di 2. meno dell' 3. più che 4. meno della 5. più che 6. più di 7. meno di 8. più del

Oggi ho molta voglia di andare al cinema.
Ma non hai visto che i film sono tutti uno più stupido dell'altro?
Allora telefoniamo a Laura che ha più idee di te!
Sì, lei ha molte idee, ma spesso sono più noiose che divertenti.
Allora proponi tu qualcosa di più interessante di questo.
Io non ho voglia di uscire, tu pensi sempre di più ad uscire che ad ordinare la casa!

1. più della 2. più che 3. meno di 4. più della 5. meno dell' 6. così quanto 7. più che

Seite 232

1. Berlino è la città più famosa della Germania.
2. Questo è il più buono dei vini piemontesi.
3. Qual è il fiume più lungo d'Italia?
4. Chi è il più intelligente della nostra classe?
5. Chi è il più bello della città?
6. Andreotti è il personaggio politico più furbo della politica italiana.
7. Spadolini è il più grasso degli uomini politici italiani.

Seite 240

più forte – weil es ein Komparativ ist.
cuoci – weil es ein Verb der 2. Konjugation ist.
basilico – weil es ein Gewürz ist.
scarpe – weil es kein Kleidungsstück ist.

1.
c. un prodotto molto venduto
2.
c. un pranzo di lavoro
3.
c. realizzare un prodotto musicale

Seite 241

Orizzontali	Verticali
1. ristorante	1. pelle
2. cuocere	2. scarpe a spillo
3. larghissimo	3. occhi
4. genere	4. resta
5. arrivare	5. mercato
6. versa	6. hai
7. scuro	7. otto
8. trattoria	8. metti
9. camicia	9. senta
10. pantaloni	10. vino bianco
11. rustico	11. pesto

Hilfsverb: essere	
Presente	**Passato prossimo**
io sono	io sono stato
tu sei	tu sei stato/a
lui/lei è	lui/lei è stato/a
noi siamo	noi siamo stati/e
voi siete	voi siete stati/e
loro sono	loro sono stati/e

Hilfsverb: avere	
Presente	**Passato prossimo**
io ho	io ho avuto
tu hai	tu hai avuto
lui/lei ha	lui/lei ha avuto
noi abbiamo	noi abbiamo avuto
voi avete	voi avete avuto
loro hanno	loro hanno avuto

Erste Konjugation	
parl**are**/parl**ato**	
Presente	Passato prossimo
io parl**o**	io ho parl**ato**
tu parl**i**	tu hai parl**ato**
lui/lei parl**a**	lui/lei ha parl**ato**
noi parl**iamo**	noi abbiamo parl**ato**
voi parl**ate**	voi avete parl**ato**
loro parl**ano**	loro hanno parl**ato**

Zweite Konjugation	
vend**ere**/vend**uto**	
Presente	Passato prossimo
io vend**o**	io ho vend**uto**
tu vend**i**	tu hai vend**uto**
lui/lei vend**e**	lui/lei ha vend**uto**
noi vend**iamo**	noi abbiamo vend**uto**
voi vend**ete**	voi avete vend**uto**
loro vend**ono**	loro hanno vend**uto**

Dritte Konjugation	
part**ire**/part**ito**	
Presente	Passato prossimo
io part**o**	io sono part**ito**
tu part**i**	tu sei part**ito**
lui/lei part**e**	lui/lei è part**ito**
noi part**iamo**	noi siamo part**iti/e**
voi part**ite**	voi siete part**iti/e**
loro part**ono**	loro sono part**iti/e**

Verben mit unregelmäßiger Partizipbildung

Infinitiv	**Präsens**	**Perfekt**
accogliere	accolgo	accolto
aggiungere	aggiungo	aggiunto
apprendere	apprendo	appreso
aprire	apro	aperto
bere	bevo	bevuto

Infinitiv	Präsens	Perfekt
chiedere	chiedo	chiesto
chiudere	chiudo	chiuso
correre	corro	corso
cuocere	cuocio	cotto
decidere	decido	deciso
dire	dico	detto
dirigere	dirigo	diretto
dividere	divido	diviso
fare	faccio	fatto
imporre	impongo	imposto
iscrivere	iscrivo	iscritto
leggere	leggo	letto
mettere	metto	messo
morire	muoio	morto
nascere	nasco	nato
offrire	offro	offerto
perdere	perdo	perso/perduto
prendere	prendo	preso
pretendere	pretendo	preteso
produrre	produco	prodotto
proporre	propongo	proposto
richiudere	richiudo	richiuso
ridere	rido	riso
riprendere	riprendo	ripreso
riscoprire	riscopro	riscoperto
rispondere	rispondo	risposto
rivolgere	rivolgo	rivolto
rompere	rompo	rotto
scoprire	scopro	scoperto
scrivere	scrivo	scritto
spendere	spendo	speso
stringere	stringo	stretto
succedere	succedo	successo
tradurre	traduco	tradotto
vedere	vedo	visto
venire	vengo	venuto
vivere	vivo	vissuto

Gesamtverzeichnis der Vokabeln

A

a: in (18)
abbassare: senken, herunterlassen (131)
abbastanza: genug (147)
l'abbigliamento: Kleidung (218)
abbracciarsi: sich umarmen (77)
l'abete: Fichte (160)
l'abitante: Einwohner (72)
abitare: wohnen (24)
abusivo: illegal (153)
accanto: neben (200)
l'accappatoio: Badehandtuch (134)
accarezzarsi: sich streicheln (199)
d'accendere: Feuer (zum Anzünden) (30)
l'accendino: Feuerzeug (52)
accidenti!: verflixt, verdammt (162)
accogliere: empfangen (183)
accorciare: kürzer machen (218)
d'accordo: einverstanden (48)
accusare: beschuldigen (183)
l'acqua: Wasser (73)
l'Acquario: Wassermann/ Frau (110)
l'acquisto: Einkauf (205)
addormentarsi: einschlafen (132)
adesso: jetzt (25)
l'Adriatico: Adria (53)
l'adulto: Erwachsener (226)
un aereo: Flugzeug (26)
l'affare: hier: Angelegenheit (46)
affascinare: bezaubern (185)
l'affermazione: Behauptung (239)
afferrare: ergreifen, fassen (131)
l'affetto: Liebe, Gefühl (77)
affollato: voll (mit Menschen) (48)
affumicato: geräuchert (243)
affusolato: schmal, schlank (131)
l'Africa: Afrika (73)
l'agenzia: Agentur, Büro (77)
aggiungere: hinzufügen (223)
l'aglio: Knoblauch (224)
agosto: August (110)
aiuto!: Hilfe! (110)
l'albergo: Hotel (110)
l'albero: Baum (81)
alcuni/e: einige (31)
l'Alfa Romeo: Alfa Romeo, Automarke (57)
al giorno d'oggi: heutzutage (167)
l'alimentari: Lebensmittel (204)
all'aperto: im Freien, draußen (146)
alle: um (100)
al limite: hier: und wenn, dann; notfalls (147)
allora: also (30)
le Alpi: Alpen (53)
alternativo: alternativ (56)
alto: hoch/groß (98)
altra: andere (75)
altrove: woanders (204)
a lunedì: bis Montag (101)
l'alunno: Schüler (156)
alzarsi: aufstehen (132)
amare: lieben (72)
l'Amaretto: Amaretto (Mandellikör) (58)
l'ambiente: hier: Platz, Stimmung (146)
un ambulatorio: Arztpraxis (23)
un amico: Freund (31)
ammalarsi: erkranken (162)
l'amore: Liebe (132)
ampio: geräumig (243)
un'analisi: Analyse (32)
anche: auch (18)
ancora: noch (85)
andare: gehen (21)
andare avanti: vorangehen (100)
andare a cavallo: reiten (147)
andare a destra: rechts gehen/fahren (100)
andare in fila per due: in Reihen zu zweit gehen (156)
andare per ordine: der Reihe nach gehen (156)
andare a sinistra: links gehen/fahren (100)
l'angolo: Ecke (104)
l'animale: Tier (62)
l'animatore: Animateur (147)
l'anno: Jahr (83)
annoiarsi: sich langweilen (199)
annoiato: gelangweilt (228)

anticamente: in alten Zeiten, einst (194)
aperto: offen (125)
l'appartamento: Wohnung (203)
appena: kaum, erst, gerade (100)
gli Appennini: Apenninen (53)
apprendere: lernen (73)
l'appuntamento: Verabredung (48)
a presto: bis bald (77)
aprile: April (110)
aprire: öffnen (73)
l'aragosta: Hummer (180)
un'arancia: Apfelsine (31)
l'aranciata: Orangenlimonade (54)
un arancio: Orangenbaum (28)
l'argomento: Argument (150)
l'aria condizionata: Klimaanlage (163)
l'aria pulita: saubere Luft (147)
l'Ariete: Widder (110)
l'armadio: Schrank (203)
l'Arno: Arno, Fluß (53)
arrabbiarsi: sich aufregen (199)
arricchirsi: reich werden (174)
arrivederci: auf Wiedersehen (38)
un arrivo: Ankunft (35)
l'arrosto: Braten (223)
l'ascensore: Aufzug (163)
ascoltare: hören (47)
aspettare: warten (73)
aspettare a braccia aperte: jemanden mit offenen Armen erwarten (126)
assentire: zustimmen (131)
l'assistente sociale: Sozialarbeiter (57)
assoluto: absolut (238)
l'atleta: Athlet (134)
l'attaccapanni: Kleiderhaken (203)
l'attesa: Erwartung (77)
l'attore: Schauspieler (110)
attraversare: überqueren (100)
attraverso: durch (183)
l'aula: Klassenzimmer (83)
aumentare: zunehmen, größer werden (149)
un'austerità: Strenge (32)
austriaco: Österreicher, österreichisch (17)
l'autobus: Autobus (59)
l'automobile: Auto, Wagen (57)
l'autostrada: Autobahn (110)
l'autunno: Herbst (111)
avere: haben (30)
avere a disposizione: zur Verfügung haben (207)
avere bisogno: nötig haben, brauchen (89)
avere da fare: zu tun haben (48)
avere luogo: stattfinden (110)
avere nostalgia: sich sehnen (125)
avere ragione: recht haben (239)
avere voglia: Lust haben (101)
l'avventuriero: Abenteurer (184)
avvicinarsi: sich nähern (226)
azzurro: blau (59)

B

il bacio: Kuß (77)
il bacione: dicker Kuß (77)
il baffone: dicker Oberlippenbart (162)
bagnarsi: naß werden (146)
il bagnino: Bademeister (134)
il bagno: Bad (110)
la baita: Berghütte (160)
i Balcani: Balkan (53)
ballare: tanzen (146)
un bambino: Kind (37)
la banana: Banane (58)
il banchetto: Bankett (111)
il bancone: Tresen (54)
un bar: Bar (23)
la barba: Vollbart (134)
il barbiere: Friseur (134)
un barista: Barkeeper (22)
il Barolo: Barolo (piemontesischer Rotwein) (72)
basato: gestützt (177)
basso: hier: klein (134)
basta: genug (153)
bastare: genügen (179)
il bastoncino: Stock (160)
battere: schlagen (126)
belga: Belgier, belgisch (17)
bello: schön (56)
bene: gut (48)
bere: trinken (50)
Berlino: Berlin (98)
il berretto: Mütze (160)
la bevanda: Getränk (147)
bianco: weiß (111)
bianco coppale: hochglänzend weiß (243)
il bicchiere: Glas (54)
una bicicletta: Fahrrad (26)

una biglietteria: Fahrkartenschalter (33)
un biglietto: Fahrkarte (33)
la Bilancia: Waage (109)
un binario: Gleis (33)
biondo: blond (79)
la birra: Bier (47)
bisogno: notwendig (147)
la bocca: Mund (130)
bollente: kochend (162)
la bontà: Güte (32)
la borghesia: Bourgeoisie (155)
la borsa: Tasche (134)
la bottiglia: Flasche (54)
il braccio: Arm (130)
il Brasile: Brasilien (77)
bravo: gut (113)
il brodo: Brühe (236)
brutto tempo: schlechtes Wetter (110)
bucato: durchlöchert (128)
il buco: Loch (146)
buona sera: guten Abend (14)
buon divertimento: viel Spaß (101)
buon giorno: guten Tag (15)
buono: gut (48)
burocratico: bürokratisch (146)
il burro: Butter (223)
buttare giù: runterkippen (204)

C

la cabina: Umkleidekabine (218)
la caccia: Jagd (216)
cadere: fallen (109)
un caffè: Kaffee (29)
il caffellatte: Milchkaffee (58)
il calcio: Fußball (110)
caldo: warm (27)
la calma: Ruhe (100)
calmo: ruhig (126)
calorosamente: warmherzig, herzlich (77)
la camera: Zimmer (126)
un cameriere: Kellner (23)
la camicia: Hemd (217)
un camion: Lastwagen (26)
camminare: laufen, gehen (131)
il Campari: Campari (Aperitif) (50)
il campeggio: Zeltplatz (146)
il canale: Kanal (152)
il Cancro: Krebs (110)
la candela: Kerze (126)
il Cannonau: Cannonau (sardischer Rotwein) (72)
la cannuccia: Strohhalm (54)
cantare: singen (71)
il cantautore: Liedermacher (183)
la canzone: Lied (75)
i capelli: Haare (130)
capire: verstehen (74)
il Capodanno: Neues Jahr (110)
il capolinea: Endstation (100)
il cappuccino: Cappuccino (48)
il Capricorno: Steinbock (110)
cara: liebe (77)
il caricaturista: Karikaturist (184)
carico: geladen (128)
la carne di maiale: Schweinefleisch (73)
il carnevale: Karneval (110)
carnoso: fleischig, hier: voll (Lippen) (127)
caro: lieber (76)
un carretto: Pferdewagen (26)
il carro: Pferdewagen (110)
il carro allegorico: Karnevalswagen (110)
una casa: Haus (28)
una casalinga: Hausfrau (22)
la cassa: Kasse (54)
la cassetta: Kassette (115)
le castagne: Kastanien (111)
cattivo: schlecht (233)
il cavallo: Pferd (110)
il caviale: Kaviar (238)
il cavolo: Kohl (205)
c'è: es gibt, es ist (örtlich) (46)
la cena: Abendessen (107)
cenare: zu Abend essen (116)
il centro turistico: touristischer Ort (147)
cercare: suchen (124)
in cerca di lavoro: auf der Arbeitssuche (83)
il cero: große Kerze (110)
il cetriolo: Gurke (205)
che: daß (Relativpronomen) (126)
che cosa c'è?: was gibt es? (113)
che ora è?: wieviel Uhr ist es? (106)
che ore sono?: wieviel Uhr ist es? (100)
che piacere sentirti!: was für eine Freude, dich zu hören! (126)
che tipo?: was für eine Art? (100)
chi: wer (12)
chiamarsi: heißen (15)
il Chianti: Chianti (toskanischer Rotwein) (72)

una chiave: Schlüssel (31)
chiedere: fragen (73)
la chiesa: Kirche (81)
il chilo: Kilo (89)
un chirurgo: Chirurg (28)
chissà: wer weiß (239)
la chitarra: Gitarre (223)
chiudersi: schließen (100)
ci: uns (15)
ci sono: es sind (46)
le ciabatte: Hausschuhe (134)
ciao: hallo (12)
la cifra araba: arabische Zahl (82)
la cifra romana: römische Zahl (82)
il cimitero: Friedhof (111)
un cinema: Kino (28)
cinese: Chinese, chinesisch (17)
la cintura di sicurezza: Sicherheitsgurt (157)
il cioccolato: Schokolade (58)
cioè: nämlich (227)
la cipolla: Zwiebel (223)
una città: Stadt (17)
una ciucca: Rausch (28)
una civiltà: Zivilisation (32)
la classe: Schule, Unterrichtsraum (83)
la classe: Schulklasse (234)
il/la cliente: Kunde (54)
la clinica: Klinik (126)
la coda: hier: Autoschlange (110)
la colazione: Frühstück (83)
la collaborazione: Zusammenarbeit (77)
la collezione di francobolli: Briefmarkensammlung (180)
il collo: Hals (130)
il colloquio: Gespräch (77)
il colore: Farbe (61)
il coltello: Messer (236)
come: wie (14)
come un salame (stare): wie ein Idiot (dastehen) (218)
come va?: wie geht's? (126)
un commesso: Verkäufer (23)
il compleanno: Geburtstag (83)
completamente: völlig, ganz (76)
complicare: schwieriger machen (223)
comprare: kaufen (75)
con: mit (26)
con chi: mit wem (48)
il concerto: Konzert (108)
conoscere: kennen (86)
considerare: ansehen (183)
consumare: verbrauchen (79)
continuare: fortsetzen (111)
il conto: Rechnung (75)
il contorno: Beilage (zum Essen) (236)
il contrario: das Gegenteil (74)
un controllore: Kontrolleur (35)
conveniente: angemessen (238)
il convento: Kloster (216)
la cooperativa: Kooperative, Genossenschaft (146)
il copione: Drehbuch (184)
il coraggio: Mut (220)
cordiali saluti: herzliche Grüße (77)
il cornetto: Hörnchen, Croissant (58)
il corpo: Körper (130)
il corpo umano: menschlicher Körper (130)
correre: rennen (204)
la corsa: Rennen (110)
la corsa di cavalli: Pferderennen (110)
la Corsica: Korsika (59)
il corso: Kurs (89)
il corso: Haupteinkaufsstraße (105)
la cortesia: Höflichkeit (50)
corto: kurz (110)
una cosa: Sache (28)
la coscia: Oberschenkel (130)
così così: so lala (48)
costare: kosten (86)
costare un occhio: ein Heidengeld kosten (wörtlich: ein Auge kosten) (205)
costruire: bauen (75)
il costruttore: Erbauer (185)
il costume: Kostüm (110)
il costume (da bagno): Badehose, Badeanzug (134)
cotto: gekocht (58)
creativo: kreativ (79)
credere di sì: glauben, daß ja (100)
il cretino: Blödmann (76)
una crisi: Krise (32)
crudo: roh (58)
il cucchiaio: Löffel (223)
la cucina: Küche (72)
cucinare: kochen (196)
la cuffia: Haube (134)
cuocere: kochen, backen (223)
il cuoco: Koch (236)
curioso: neugierig (162)

D

da: von, bei (18)
da dove: woher (von wo) (20)
il dadino: kleiner Würfel (223)
danese: Däne, dänisch (17)
dappertutto: überall (202)
dare: geben (37)
la data: Datum (144)
davanti: vor (105)
debole: schwach (126)
decapitare: köpfen (216)
decidere: entscheiden (149)
del, della, delle, dello, degli, dei: von ... (89)
il dente: Zahn (126)
deprimente: deprimierend (227)
desiderare: wünschen (176)
destra: rechts (100)
di: von (16)
di chi?: wessen? (von wem) (127)
di dove: woher (16)
di fronte: gegenüber (105)
di giorno: tagsüber (116)
di mattina: morgens, vormittags (116)
di notte: nachts (116)
di nuovo: wieder (100)
di pomeriggio: nachmittags (116)
di sera: abends (116)
una diagnosi: Diagnose (32)
il dialetto: Dialekt (70)
il diario: Tagebuch (126)
dicembre: Dezember (83)
dietro: hinter, hinten (146)
difficile: schwierig (57)
digestivo: Mittel zum Verdauen (236)
la dimensione: Ausmaß (110)
dimenticare: vergessen (83)
dinamico: dynamisch (124)
un diploma: Abschlußzeugnis (32)
dire: sagen (74)
dire di sì: ja sagen (78)
la direzione: Richtung (146)
il dirigente: hier: leitender Angestellter (124)
dirigersi: sich richten, zusteuern auf (197)
il disco: Schallplatte (52)
il discorso: Rede (177)
la discoteca: Disko (226)
un disoccupato: Arbeitsloser (24)
dispiace (mi): es tut mir leid (48)
la disponibilità: hier: Bereitschaft (77)
distinti saluti: mit freundlichen Grüßen (77)
il dito: Finger (130)
il dittatore: Diktator (155)
divenire: werden (182)
diventare: werden (149)
diverso: verschieden (110)
divertente: unterhaltsam/lustig (56)
dividere: teilen, trennen (158)
la doccia: Dusche (134)
i documenti: Papiere (146)
dolce: süß (56)
dolce: hier: weich (28)
il dolce: Kuchen (236)
le Dolomiti: Dolomiten (53)
la domanda: Frage (48)
domani: morgen (29)
la domenica: Sonntag (48)
la donna: Frau (31)
dopo: danach (105)
dopodomani: übermorgen (167)
il dormiglione: Schlafmütze (197)
dormire: schlafen (145)
dove: wo, wohin (18)
dovere: müssen (74)
dritto: geradeaus (100)
dubitare: zweifeln (239)
due: zwei (50)
dunque: also (77)
durante: während (48)
duro: hart (28)

E

e: und (12)
ecco qua: hier, da (30)
l'edicola: Zeitungskiosk (31)
egli: er (veraltete Form) (13)
elegante: elegant (79)
l'elezione: Wahl (147)
ella: sie (veraltete Form) (13)
emigrare: auswandern (159)
entrare: eintreten (48)
l'equitazione: Reitsport (110)
esclamare: ausrufen (146)
esibirsi: auftreten (183)
esorbitante: übermäßig (205)
esotico: exotisch (147)
l'esperienza: Erfahrung (124)
l'espressione: Ausdruck (126)
essere: sein (13)
essere a favore: dafür sein (174)
essere a piedi: zu Fuß sein (104)

essere a portata di tutte le tasche: für jedermann erwerblich sein (207)
essere affollato: voll sein (mit Menschen) (48)
essere fermo: stehenbleiben (106)
essere in attesa: erwarten (77)
essere in gamba: gut (drauf) sein (100)
essere libero: hier: frei haben (48)
essere pieno: voll sein (48)
essere stufo: es satt haben (159)
l'estate: Sommer (110)
l'estero: Ausland (46)
l'età: Alter (150)
l'età massima: höchstes Alter (124)
l'Etna: Ätna (53)
l'etto: hundert Gramm (204)

F

fa (un anno fa): vor (vor einem Jahr) (116)
facile: leicht, einfach (100)
la fame: Hunger (197)
la famiglia: Familie (30)
famoso: berühmt (110)
fare: machen, tun (22)
fare a pugni: sich mit Fäusten schlagen (80)
fare bel tempo: schönes Wetter sein (110)
fare brutto tempo: schlechtes Wetter sein (110)
fare caldo: warm sein (79)
fare colazione: frühstücken (107)
fare freddo: kalt sein (79)
fare i conti: abrechnen (162)
fare il bagno: baden (80)
fare la fame: hungern (80)
fare la fila: Schlange stehen (80)
fare la spesa: einkaufen (80)
fare l'indiano: sich dumm stellen (wörtlich: den Indianer machen) (80)
fare lo stupido: sich dumm stellen (80)
fare qualcosa: etwas machen, unternehmen (48)
fare stupidaggini: Blödsinn machen (80)
fare un giro: einen Spaziergang machen (80)
farsi prestare: sich leihen lassen (181)
il fatto: Ereignis, Tatsache (83)
febbraio: Februar (110)
la federazione: Bund (86)
il fegato: Leber (157)
felice: glücklich (146)
femminile: feminin (51)
la fermata: Haltestelle (181)
fermentare: gären (111)
il Ferragosto: 15. August (Mariä Himmelfahrt) (110)
la festa: Fest (60)
la festa della Befana: Dreikönigsfest (110)
la festa popolare: Volksfest (110)
la festa del vino: Weinfest (110)
la festa di quartiere: Stadtviertelfest (110)
la festa del Marinaio: Matrosenfest (111)
la festa dei Morti: Allerseelen (111)
la festa di Natale: Weihnachtsfest (111)
la festa dei Santi: Allerheiligen (111)
festeggiare: feiern (110)
un fiammifero: Streichholz (31)
il fianco: Seite (130)
il figlio: Sohn (72)
il film: Film (32)
la filosofia: Philosophie (52)
filtrare: durchdringen (162)
il filtro: Filter (29)
finalmente: endlich (146)
il fine: Zweck (150)
il fine-settimana: das Wochenende (48)
la finestra: Fenster (73)
finito: fertig, aus, ausgegangen (48)
la fioraia: Blumenhändlerin (132)
i fiori: Blumen (110)
Firenze: Florenz (50)
il fiume: Fluß (53)
il flipper: Flipper (54)
la foglia: Blatt (Baum) (111)
il foglio: Blatt (28)
(in) fondo: am Ende (218)
la fontana: Brunnen (81)
la forchetta: Gabel (236)
la forma di cortesia: Höflichkeitsform (50)
la forma impersonale: unpersönliche Form (79)
il formaggio: Käse (58)
forse: vielleicht (30)
forte: stark (60)
la foto: Foto (83)
il fotografo: Fotograf (22)
fra: zwischen (53)
la fragola: Erdbeere (58)
francese: Franzose/ösin, französisch (17)
il fratello: Bruder (133)
freddo: kalt (27)

frequentare: besuchen, verkehren (83)
fresco: frisch (126)
il frigorifero: Kühlschrank (197)
la frittata: Omelett (58)
la fronte: Stirn (130)
la frutta: Frucht, Obst (58)
fumare: rauchen (89)
la funivia: Seilbahn (160)
i fuochi d'artificio: Feuerwerk (110)
il fuoristrada: Geländewagen (160)
furbo: schlau (232)
il fusto: stämmiger Bursche (147)

G

il gabinetto: Toilette (35)
la gamba: Bein (130)
il Garda: Gardasee (53)
il gas: Gas (32)
il gatto: Katze (28)
il gelato: Speiseeis (58)
i Gemelli: Zwillinge (110)
il genere: Geschlecht, Gattung (227)
gennaio: Januar (83)
Genova: Genua (50)
la gente: Leute (37)
la gente del posto: Einheimische (163)
gentile: nett, geehrte (77)
la Germania: Deutschland (53)
gesticolare: gestikulieren (176)
il gestore: Geschäftsführer (147)
gettare: werfen (195)
il ghiacciaio: Gletscher (160)
il ghiaccio: Eis (28)
già: schon (110)
il ginocchio: Knie (130)
giocare: spielen (71)
giocare a pallone: Fußball spielen (149)
giocare a tennis: Tennis spielen (78)
giocare d'azzardo: um alles oder nichts spielen (216)
la gioia: Glück, Freude (157)
il giornale: Zeitung (31)
il giorno: Tag (30)
il giorno di scuola: Schultag (83)
giovane: jung (57)
giovedì: Donnerstag (109)
la gioventù: Jugend (32)
girare: drehen (100)
giugno: Juni (109)
giusto: richtig (28)
gli: die (52)
il gomito: Ellbogen (130)
gradire: hier: entgegennehmen (77)
il grado: Grad (Temperatur) (98)
grande: groß (57)
grasso: dick (131)
gratis: kostenlos (110)
grattuggiato: gerieben (223)
grazie: danke (30)
la Grecia: Griechenland (53)
il greco: Grieche (17)
grosso: groß, dick (77)
il gruppo: Gruppe (70)
guadagnare: verdienen (227)
il guadagno: Verdienst (227)
la guancia: Wange (130)
i guanti: Handschuhe (160)
guardare: gucken (83)
la guerra: Krieg (182)
guidare: steuern, lenken (28)

I

i: die (bestimmter Artikel, maskulin Plural) (46)
l'idea: Idee (100)
ideale: ideal (225)
ieri: gestern (116)
il: der (bestimmter Artikel, maskulin Singular) (23)
imparare a memoria: auswendig lernen (156)
impegnato: engagiert (183)
l'imperatore: Kaiser (195)
l'impianto di risalita: Liftanlage (160)
l'impiegato: Angestellter (22)
imporsi: sich durchsetzen (183)
importante: wichtig (110)
importare: wichtig sein (85)
imprecare: schimpfen (204)
improvvisare: improvisieren (174)
improvviso: plötzlich (126)
in: in, nach (18)
in gamba: spitze, erstklassig (100)
in modo particolare: insbesondere (77)
in onore: zur Ehre (111)
incominciare: anfangen (83)
indeciso: unentschlossen (149)
l'indiano: Indianer (80)
indicare: zeigen, anzeigen (131)
indietro: zurück (106)
l'infanzia: Kindheit (126)
infelice: unglücklich (126)

inferiore: niedriger (232)
l'informazione: Auskunft (59)
l'ingiustizia: Ungerechtigkeit (183)
inglese: Engländer/in, englisch (17)
ingrassare: dick werden (177)
ingrediente: Zutat (223)
iniziare: beginnen (110)
l'inizio: Anfang (227)
innamorarsi: sich verlieben (132)
innamorato: verliebt (110)
l'insalata: Salat (236)
l'insalata di pomodori: Tomatensalat (58)
l'insalata mista: gemischter Salat (58)
l'insalata russa: russischer Salat (58)
l'insalata verde: grüner Salat (58)
l'insegna al neon: Neonleuchtschild (162)
l'insegnante: Lehrer/in (22)
insieme: zusammen (48)
integralmente: hier: auf dem ganzen Körper (147)
interessante: interessant (57)
interessarsi: sich interessieren (77)
interessato: interessiert (83)
l'intestino: Eingeweide (225)
invece: anstatt (238)
l'inventore: Erfinder (184)
l'inverno: Winter (109)
investire: investieren (227)
invitare: einladen (180), (204)
io: ich (12)
lo Ionio: Ionisches Meer (53)
irlandese: Ire/in, irisch (17)
iscriversi: sich anmelden (182)
l'isola: Insel (53)
i suoi: hier: ihre Eltern (127)
italiano: Italiener, italienisch (16)
iugoslavo: Jugoslawe, jugoslawisch (17)

J

il juke-box: Musikbox (54)

L

la: die (bestimmter Artikel, feminin Singular) (23)
il labbro: Lippe (130)
laggiù: da unten (202)
il lago di Bolsena: Bolsena-See (53)
la lampada: Lampe (203)
largo: breit (233)
lassù: da oben (202)
il lato: Seite (104)
il latte: Milch (89)
laurearsi: promovieren (182)
il lavandino: Waschbecken (132)
lavarsi: sich waschen (132)
lavorare: arbeiten (23)
il lavoro: Arbeit (23)
il Lazio: Latium (53)
le: die (bestimmter Artikel, feminin Plural) (56)
la leggenda: Sage (185)
leggendario: sagenhaft (183)
leggere: lesen (126)
lei: sie (12)
la lettera: Brief (77)
il letto: Bett (72)
il lettore: Leser (77)
la lezione: Unterricht (152)
lì: dort (100)
libero: frei (30)
il libro: Buch (31)
il libro di testo: Textbuch (83)
la limitazione: Einschränkung (151)
il limone: Zitrone (58)
il lino: Leinen (219)
il liquore: Likör (54)
lire: Lire (italienische Währung) (75)
lisciarsi: glattstreichen (162)
liscio: glatt, eben (131)
la lista: Liste (204)
litigare: streiten (176)
il litro: Liter (89)
lo: der (bestimmter Artikel, maskulin Singular) (52)
locale: örtlich (176)
il locale: Lokal (100)
lontano: weit (100)
loro: sie, Ihnen (49)
la luce: Licht (126)
luglio: Juli (109)
lui: er (12)
la luna: Mond (59)
lunedì: Montag (109)
lungo: lang (104)
Lungotevere: Tiberpromenade (Kai) (104)

M

ma: aber (30)
ma dai!: los! komm!, hör auf! (100)
la macchina: Auto (26)
la macelleria: Metzgerei (204)
la Madonna del Lume: Madonna der Lichter (110)
la madre: Mutter (83)
il maestro di sci: Skilehrer (160)
maggio: Mai (110)
maggiore: größer (232)
la maglietta: Strickhemd, Strickpullover (238)
magro: mager (223)
mai: nie (48)
il maiale: Schwein (73)
malato: krank (56)
la malattia: Krankheit (126)
male: schlecht (49)
la mamma: Mama (72)
mancare: fehlen (100)
il mandolino: Mandoline (72)
mangiare: essen (62)
la manifestazione: Demonstration (216)
la mano: Hand (32)
la marca: Firmenname (238)
il mare: Meer (57)
il marinaio: Matrose (110)
il marito: Ehemann (127)
il marmo: Marmor (150)
martedì: Dienstag (109)
il martello: Hammer (132)
marzo: März (109)
la maschera: Maske (110)
maschile: maskulin (52)
massimo: höchst (98)
il materiale informativo: Informationsmaterial (77)
il matrimonio: Ehe (219)
la mattina: Vormittag, Frühe (59)
il medico: Arzt (23)
il melone: Honigmelone (58)
meno: wenig (106)
il mento: Kinn (130)
mentre: während (146)
il mercato: Markt (78)
mercoledì: Mittwoch (109)
mescolare: mischen (223)
il mese: Monat (73)
il metro: Meter (81)
mettersi: hier: sich anziehen (146)
mezza/o: halb (106)
la mezza pensione: Halbpension (162)
mezzanotte: Mitternacht (100)
mi: mich (14)
mia: meine (30)
miei: meine (Plural) (77)
migliore: besser, beste (176)
Milano: Mailand (51)
il milione: Million (71)
mille: tausend (75)
minimo: kleinste (232)
minore: kleiner (232)
mio: mein (100)
il mirtillo: Heidelbeere (58)
misto: gemischt (58)
la misura: Maß (218)
il mobile: Möbel (203)
il modo: Art und Weise (110)
la moglie: Ehefrau (129)
molto: sehr, viel (40)
il mondo: Welt (110)
la monetina: kleine Münze (195)
montare: aufbauen (146)
il monte: Berg (53)
morire: sterben (183)
la mortadella: Wurst (58)
il mosto: Most (111)
il motivo: Grund (177)
la motocicletta: Motorrad (26)
il muscolo: Muskel (130)
muscoloso: muskulös (131)
la musica: Musik (73)
la musica dal vivo: Live-Musik (100)
la musica disco: Diskomusik (226)
la musica rock: Rockmusik (226)
il musicista: Musiker (29)

N

la narice: Nasenloch (130)
nascere: geboren werden (86)
il naso: Nase (130)
il Natale: Weihnachten (111)
nato: geboren (86)
naturalmente: natürlich (226)
la nave: Schiff (26)
la nazionalità: Staatsangehörigkeit (17)
la nazione: Nation, Land (53)
neanche: nicht einmal, auch nicht (129)
la negazione: Verneinung (15)
negli ultimi tempi: in letzter Zeit (167)
il negozio: Laden (23)
il negozio di orologi: Uhrengeschäft (132)
nero: schwarz (73)
nessuno: keiner, niemand (37)
la neve: Schnee (111)
nevicare: schneien (110)
niente: nichts (48)
nitido: klar, scharf (129)

no: nein (13)
la nocciola: Nuß (58)
noi: wir (13)
noioso: langweilig (56)
nominare: ernennen (182)
non: nicht (13)
non importa: es macht nichts (86)
non... mai: nie (27)
non fa niente: es macht nichts (48)
normale: normal (79)
normalmente: normalerweise (27)
la nostalgia: Sehnsucht (126)
nostro: unser (59)
le notizie: Nachrichten (77)
la notte: Nacht (72)
il Novecento: 20. Jahrhundert (83)
la novella: Novelle (182)
novello: neu (Wein) (111)
novembre: November (109)
le nozze: Hochzeit (110)
nudo: nackt (145)
il numero: Zahl, Nummer (50)
il numero cardinale: Kardinalzahl (82)
il numero ordinale: Ordnungszahl (82)
nuotare: schwimmen (145)
nuovo: neu (56)

O

gli occhiali: Brille (129)
gli occhietti: kleine Augen (162)
l'occhio: Auge (126)
occuparsi: sich beschäftigen, kümmern (146)
odorare: riechen, beriechen (131)
l'odore: Geruch (146)
l'offerta: Angebot (77)
l'offerta speciale: Sonderangebot (205)
le offerte di lavoro: Arbeitsangebote (124)
offrire: anbieten, einladen (48)
offro io: ich gebe einen aus (48)
oggi: heute (48)
ogni: jedes (111)
ogni tanto: ab und zu (100)
l'olio: Öl (223)
le olive: Oliven (111)
oltre: hier: außer (204)
l'ombra: Schatten (153)
l'ombrellone: Sonnenschirm (134)
l'onda: Welle (226)
l'onomastico: Namenstag (83)
l'onore: Ehre (111)
l'operaia: Arbeiterin (51)
l'operatrice turistica: Beschäftigte im Fremdenverkehr (124)
l'opinione: Meinung (77)
l'ora: Stunde (89)
l'orario: Uhrzeit (35)
l'orario di arrivo: Ankunftsplan (35)
l'orario di partenza: Abfahrtsplan (35)
ordinare: bestellen, aufräumen (60)
l'orecchio: Ohr (130)
l'organizzazione: Organisation (77)
l'orologio: Uhr (100)
osservare: betrachten (176)
ottimo: sehr gut (232)
ottobre: Oktober (109)

P

il padre: Vater (83)
il paese: Dorf (98)
pagare: zahlen (74)
il paio: Paar (104)
la palla di neve: Schneeball (160)
palloso: ätzend, langweilig (57)
la pancetta: Bauchspeck (223)
la pancia: Bauch (134)
il panino: Brötchen (58)
la panna: Sahne (58)
i pantaloni: Hose (218)
il papà: Papa (77)
il Papa: Papst (83)
parlare: sprechen (62)
il parmigiano: Parmesankäse (223)
la parte: Seite (146)
partecipare: teilnehmen (146)
la partenza: Abfahrt (33)
partire: abfahren (79)
la partita a scacchi: Schachpartie (111)
la partita di calcio: Fußballspiel (110)
Pasqua: Ostern (110)
il passante: Passant (104)
passato: vergangen (116)
la pasta: Nudeln, Kuchen, Mehlspeise (48)
la patata: Kartoffel (79)
la pausa: Pause (104)
pazzo: verrückt (110)
peggiore: schlimmer (232)
pelato: kahl (128)
la pelle: Haut (126)
il pelo: Körperhaar (130)
il pene: Penis (130)
la penna: Füller (31)
pensare: denken (62)
il pensiero: Gedanke (126)
la pensione: Pension (81)

la pensione completa: Vollpension (162)
il pepe: Pfeffer (223)
per: um zu (104)
per carità: um Gottes willen (177)
perché: warum, weil (37)
perdere: verlieren (100)
per favore: bitte (nur bei Fragen) (58)
permetterselo: es sich erlauben (205)
per primo: zuerst (149)
per quanto mi riguarda: was mich betrifft (126)
per questo: deshalb (83)
pericoloso: gefährlich (110)
la persona: Person (37)
il personaggio: Darsteller (232)
la personalità: Persönlichkeit (225)
pesante: schwer, dick (110)
il pesce: Fisch (236)
il Pesce d'aprile: Aprilscherz (110)
pessimo: sehr schlecht (226)
il pesto: Soße aus Öl und zerhacktem (= pesto) Basilikum, Knoblauch, Käse und Pinienkernen (225)
il petto: Brust (130)
il pezzo: Stück (183)
piacere: gefallen (77)
il piano: Stockwerk (83)
la pianta: Pflanze (203)
il piatto: Teller (150)
il piatto da portata: Servierteller (223)
il piatto fondo: Suppenteller (223)
la piazza: Platz (57)
piccolo: klein (56)
il piede: Fuß (130)
il Piemonte: Piemont (53)
piemontese: Piemonteser, piemontesisch (232)
pieno: voll (48)
pigro: faul, träge (56)
le pinne: Schwimmflossen (134)
la pioggia: Regen (110)
piovere: regnen (146)
la piscina: Schwimmbad (163)
la pista: Piste (160)
il pistacchio: Pistazie (58)
più alto: höher (98)
più tardi: später (85)
la pizza: Pizza (75)
la plastica: Kunststoff (150)
il plurale: Plural (51)
il Po: Po (größter Fluß Italiens) (53)
poco: wenig (70)
il poema: Epos, Gedicht (32)
poi: dann (59)
il politico: Politiker (110)
il poliziotto: Polizist (35)
il polpaccio: Wade (130)
il polso: Puls (130)
la poltrona: Sessel (204)
la polvere: Staub (163)
il pomeriggio: Nachmittag (149)
il pomodoro: Tomate (58)
il ponte: Brücke (91)
popolare: volkstümlich (110)
il popolo: Volk (37)
porca miseria!: verdammte Schweinerei! (100)
il porco: Schwein (216)
la porta: Tür (155)
il portacenere: Aschenbecher (54)
il portafoglio: Brieftasche (128)
portare: bringen (110)
il portiere: Pförtner (160)
portoghese: Portugiese/in, portugiesisch (17)
la posata: Besteck (197)
possessivo: possessiv (127)
possibile: möglich (100)
la posta: Post (81)
il posto: Platz, Stelle (30)
il posto di lavoro: Arbeitsplatz (128)
potere: können (48)
povero: arm (226)
pranzare: zu Mittag essen (107)
il pranzo: Mittagessen (108)
il pranzo d'affari: Geschäftsessen (235)
il prato: Wiese (149)
preciso: genau (79)
preferibile: besser, vorteilhafter (224)
preferire: bevorzugen (74)
il prefisso: Vorwahl (48)
prendere: nehmen (30)
prendere il nome: heißen (110)
prendere in giro qualcuno: sich über jemanden lustig machen (110)
prenotare: bestellen (144)
preoccuparsi: sich Sorgen machen (218)
preparare: vorbereiten (223)
la preposizione: Präposition (149)
la preposizione di tempo: Zeitpräposition (112)
presente: anwesend (126)
presso: bei (124)
presto: früh, schnell (222)
pretendere: verlangen, erwarten (153)
previsto: vorausgesehen (226)
il prezzo: Preis (150)
il prezzo stracciato: Spottpreis (205)

prima: erst (146)
la prima colazione: Frühstück (83)
la primavera: Frühling (110)
primaverile: frühlingshaft (110)
primo: erster (83)
il primo piatto: erster Gang (236)
il problema: Problem (32)
problematico: problematisch (56)
produrre: produzieren, herstellen (72)
il professionista: Freiberufler (124)
il profumo: Parfum (126)
il programma: Programm (113)
il programma televisivo: Fernsehprogramm (113)
proporre: vorschlagen (49)
la proposta: Vorschlag (100)
il prosciutto: Schinken (58)
prossimo: nächster (24)
la protesta: Protest (183)
provare: versuchen (153)
la provenienza: Herkunft (150)
lo psicologo: Psychologe (31)
pubblicare: veröffentlichen (182)
la pubblicità: Werbung (46)
pulito: sauber (147)
il pupazzo di neve: Schneemann (160)
la pupilla: Pupille (131)

Q

qua: hier (30)
qualche volta: manchmal (27)
qualcosa: etwas (48)
qualcuno: jemand (37)
quale: welche (37)
la qualità: Eigenschaft, Beschaffenheit (151)
qualsiasi: beliebig (226)
quando: wann (37)
quando: wenn (100)
la quantità: Menge (150)
quanto: wie viele (37)
quanto costa?: wieviel kostet es? (86)
il quartiere: Stadtviertel (110)
quasi: fast (27)
quel: jener (100)
quello: jenes (126)
quello che: das was (126)
quello che: derjenige, der (74)
questo: dies, das (48)

R

la raccolta: Ernte, Sammlung (111)
raccontare: erzählen (177)
raccontare palle: Mist erzählen (218)
il radicchio: Radicchio (Salatart) (205)
la radio: Radio (32)
il raduno: Zusammenkunft (110)
il raffreddore: Erkältung (162)
i ragazzi: Jungs (100)
il ragno: Spinne (28)
il rapporto: Beziehung (129)
rappresentare: darstellen (182)
raramente: selten (27)
il re: König (83)
realizzare: verwirklichen, hier: herstellen (238)
il regalo: Geschenk (110)
la regata storica: historische Regatta (111)
la regione: Gegend, Region (25)
la regola: Regel (163)
la renna: Rentier (238)
il Reno: Rhein (53)
ricco: reich (226)
la ricerca di collaboratori: Mitarbeitersuche (124)
la ricetta: Rezept (223)
ricevere: bekommen (77)
la ricevuta: Quittung (219)
richiamare: zurückrufen (85)
richiudere: wieder schließen (197)
ricominciare: wiederanfangen (111)
ricordare: erinnern (129)
ricordarsi: sich erinnern (197)
il ricordo: Erinnerung (126)
ridere: lachen (176)
la riflessione: Nachdenken (111)
il rifugio: Schutzhütte (160)
rigido: streng (163)
riguardare: betreffen (126)
rimanere: bleiben (181)
riposarsi: sich ausruhen (199)
riprendere: wiederaufnehmen (126)
riprendere fiato: aufatmen (204)
rischiare: riskieren (226)
riscoprire: wiederentdecken (174)
riservato: reserviert (147)

rispondere: antworten (62)
il ristorante: Restaurant (23)
ristretto: kurz (176)
ritirare: zurückziehen, abholen (58)
il rito: Ritus (110)
riuscire: gelingen (147)
la riva: Ufer (129)
rivolgersi: sich wenden (176)
robusto: kräftig (131)
Roma: Rom (53)
romantico: romantisch (111)
rompere: kaputtmachen (132)
rosolare: anbraten (223)
rosso: rot (52)
rotto: kaputt (52)
il rubacuori: Herzensbrecher (184)
i rubini: Rubine (100)
il rumore: Geräusch (73)
rumoroso: laut (129)
russo: Russe, russisch (17)

S

il sabato: Samstag (48)
il sacco a pelo: Schlafsack (162)
il Sagittario: Schütze (111)
la sala: Saal, Zimmer (151)
la sala d'attesa: Wartesaal (35)
il salame: Salami (58)
il sale: Salz (146)
il salmone: Lachs (236)
la salumeria: Wurstwarengeschäft (204)
salutare: begrüßen (77)
i saluti: Grüße (77)
i salutoni: dicke Grüße (77)
il salvagente: Rettungsring (134)
salvare: retten (147)
salve: hallo (38)
i sandali: Sandalen (134)
San Marco: heiliger Markus (110)
San Martino: heiliger Martin (111)
sano: gesund (147)
il santo: Heiliger (111)
sapere: wissen (100)
sapere bene: genau wissen (149)
la Sardegna: Sardinien (53)
il sassofono: Saxophon (226)
sbattere: schlagen (223)
gli scacchi: Schach (110)
lo scaffale: Regal (74)
la scaletta: kleine Leiter (134)
la scarpa: Schuh (104)
gli scarponi da sci: Skischuhe (160)
la scelta: Auswahl (236)
scena: Szene (28)
lo scherzo: Scherz (110)
gli sci: Ski (160)
sciare: Ski laufen (28)
lo sciatore: Skiläufer (160)
la sciatrice: Skiläuferin (160)
la scodella: Schüssel (224)
lo scoglio: Felsen (28)
scolata: abgegossen (224)
scomodo: ungemütlich (163)
lo scompartimento: Zugabteil (31)
lo scontrino: Kassenbon (58)
scoppiare: platzen, explodieren (110)
lo scoppio: Explosion (110)
scoprire: entdecken (225)
lo Scorpione: Skorpion (111)
scorso: vergangenes (116)
scottare: aufkochen, anbraten (224)
scrivere: schreiben (62)
la scuola: Schule (111)
scuro: dunkel (79)
la scusa: Entschuldigung, Ausrede (28)
scusare: entschuldigen (104)
scusarsi: sich entschuldigen (77)
se: wenn (126)
se ti va: wenn du magst (48)
il secolo: Jahrhundert (174)
il secondo: Sekunde (81)
il secondo: zweiter (82)
secondo me: meiner Meinung nach (100)
il secondo piatto: zweiter Gang (234)
la sedia: Stuhl (203)
la sedia a sdraio: Liegestuhl (134)
il seduttore: Verführer (184)
il segretario: Sekretär (22)
il semaforo: Ampel (81)
sembrare: scheinen (146)
semplice: einfach (148)
sempre: immer (27)
il seno: Busen (130)
sensibile: empfindlich (126)
sentire: hören, fühlen (81)
sentirsi: hier: voneinander hören (48)
senza: ohne (30)
la sera: Abend (50)
servire: hier: benötigen (204)

la servitù: Dienerschaft (32)
il servizio: Bericht (46)
settembre: September (111)
la settimana: Woche (24)
sfavorevole: ungünstig (236)
la sfilata: hier: Umzug (110)
lo sgabello: Hocker (54)
sgranchirsi: sich lockern (131)
si: sich (14)
si: hier: man (79)
sì: ja (30)
si chiude: man schließt (100)
la Sicilia: Sizilien (53)
sicuramente: sicherlich (177)
la sigaretta: Zigarette (29)
la signora: Frau (50)
il signore: Herr (50)
il silenzio: Stille (126)
silenzioso: still (57)
la sinagoga: Synagoge (104)
la sincerità: Ehrlichkeit (177)
il singolare: Singular (51)
singolo: einzeln (162)
sinistra: links (100)
lo slittino: Rodelschlitten (160)
snervante: nervig (56)
la società: Gesellschaft (124)
il sofà: Sofa (196)
soffrire: leiden (157)
sognare: träumen (132)
i soldi: Geld (75)
il sole: Sonne (61)
solito: üblich (228)
solo: nur, allein (48)
soltanto: nur (147)
sopra: auf, über (110)
il sorso: Schluck (204)
i sottaceti: in Essig eingelegtes Gemüse (58)
sottile: schmal (127)
sotto: unten (146)
la Spagna: Spanien (59)
spagnolo: Spanier, spanisch (17)
la spalla: Schulter (130)
spaventoso: schrecklich (205)
la specialità: Spezialität (72)
spendere: Geld ausgeben (73)
spesso: oft (27)
spettabile: geehrte (Firma) (77)
spettacolare: großartig (110)
lo spettacolo: Spektakel, Aufführung (110)
la spiaggia: Strand (59)
lo spicchio: Zehe (Knoblauch) (224)
sporco: schmutzig (197)
lo sport: Sport (32)
lo sportello: Schalter (31)
sposarsi: heiraten (182)
squillare: klingeln (107)
la stagione: Jahreszeit (89)
stancarsi: müde werden (199)
la stanchezza primaverile: Frühjahrsmüdigkeit (110)
la stanza: Zimmer (126)
stare (come stai?): wie geht es dir? (49)
starnutire: niesen (131)
lo stato: Staat (96)
la statua: Statue (150)
la stazione: Bahnhof (30)
la stella: Stern (146)
stesso: selbst, gleich (74)
gli stivali: Stiefel (73)
la storia: Geschichte (79)
la strada: Straße (59)
la strega: Hexe (110)
stretto: eng (197)
stringere: hier: an die Brust drücken (75)
stronzo (!): Miststück (226)
lo studente: Student (31)
studiare: lernen, studieren (27)
lo studio: Studium (57)
stupendo: wunderbar (219)
la stupidaggine: Dummheit (176)
stupido: dumm (128)
lo stupidone: Blödmann (147)
su: auf, über (104)
subito: sofort (74)
succedere: geschehen (177)
il successo: Erfolg (183)
il Sud: Süden (53)
sudare: schwitzen (157)
suo: sein/ihr (126)
suonare: Musik spielen (71)
il suono: Klang (28)
superiore: höchster (226)
sussurrare: flüstern (226)
svegliarsi: wecken (132)
sviluppato: entwickelt (134)
svizzero: Schweizer, schweizerisch (17)
la svolta: Wende (183)

T

tagliarsi: sich schneiden (180)
il tallone: Ferse (130)
tanto: hier: sowieso (146)
tardi: spät (85)
il tavolinetto: kleiner Tisch (134)
il tavolo: Tisch (54)
la tazza: Tasse (54)

il teatro: Theater (77)
il tecnico: Techniker (79)
la tecnologia: Technologie (225)
tedesco: Deutscher, deutsch (16)
telefonare: anrufen (78)
il telefono: Telefon (54)
la televisione: Fernsehen (54)
il telo da bagno: Badelaken (134)
la temperatura: Temperatur (98)
il tempo: Zeit, Wetter (104)
la tenda: Zelt (145)
tenere pulito: sauberhalten (146)
il teorema: Lehrsatz (32)
terminare: beenden (195)
il terrazzo: Terrasse (155)
terrorizzato: terrorisiert (126)
la tesi: These (32)
il tesoro: Schatz (219)
la testa: Kopf (128)
il testo: Text (83)
il Tevere: Tiber (53)
tipico: hier: eigentümlich (110)
il tipo: Typ, Sorte (86)
il Tirreno: Tyrrenisches Meer (53)
il tonno: Thunfisch (58)
il torneo: Turnier (100)
il torneo d'equitazione: Reitturnier (110)
il Toro: Stier (110)
la Toscana: Toskana (53)
il Toscano: Toskaner (70)
tossire: husten (157)
la tovaglia: Tischdecke (234)
il tovagliolo: Serviette (234)
tra: in (zeitlich) (101)
tra cui: darunter (182)
tra non molto: bald (167)
tra poco: in Kürze, bald (48)
tra sé: bei sich (197)
tradurre: übersetzen (182)
la tragedia: Tragödie (182)
tram: Straßenbahn (32)
il tramezzino: Sandwich (58)
il trampolino: Trampolin (134)
la tranquillità: Ruhe (147)
il Trasimeno: Trasimenischer See (53)
trattare: handeln (183)
la trattoria: Gastwirtschaft (175)
la traversa: Querstraße (100)
il treno: Zug (26)
triste: traurig (129)
tritare: zerkleinern (224)
troppo: zuviel (52)
troppo caro: zu teuer (104)
trovare: finden (146)
trovarsi: sich finden (83)
tu: du (12)
turco: Türke, türkisch (17)
il turismo: Fremdenverkehr (74)
il/la turista: Tourist (59)
turistico: touristisch (59)
tutte le cose: alles (149)
tutti i giorni: jeden Tag (48)
tutto: alles (30)
tutto: hier: ganz (110)

U

ubriaco: besoffen (176)
l'ufficio: Büro (23)
l'ufficio di collocamento: Arbeitsamt (181)
l'ufficio informazioni: Auskunftsbüro (35)
uguale: hier: gleich (98)
ultimo: letzter (126)
l'umanità: Menschheit (37)
umano: menschlich (37)
l'Umbria: Umbrien (53)
l'umidità: Feuchtigkeit (162)
umido: feucht (162)
una: eine (59)
un po': ein wenig (126)
l'uomo: Mann (32)
gli uomini: Männer (52)
uscire: hinausgehen (100)

V

va bene: es ist gut (30)
la vacanza: Urlaub (77)
la vagina: Vagina (130)
il vagone: Waggon (35)
variopinto: bunt (111)
la vasca: Wanne (162)
la vasca da bagno: Badewanne (203)
vecchio: alt (48)
vedere: sehen (78)
vedersi: sich sehen (78)
velocemente: schnell (197)
la vendemmia: Weinlese (111)
il venerdì: Freitag (48)
Venezia: Venedig (53)
venire: kommen (20)
il vento: Wind (110)
verde: grün (58)
la Vergine: Jungfrau (111)
la verità: Wahrheit (32)
vero: wahr (70)
il vestito: Kleid, Anzug (197)
la vetta: Gipfel (160)
vi: euch (15)
la via: Straße (100)

il viaggiatore: Fahrgast, Reisender (35)
il viaggio: Reise (75)
vicino: nah (100)
il vicino di casa: Nachbar (149)
la virtù: Tugend (32)
la visita: Besuch (111)
la vista: Blick (126)
la vita: Leben (72)
vivace: lebhaft (56)
vivente: lebend (110)
vivere: leben (72)
la voce: Stimme (126)
la voglia: Lust (126)
voi: ihr (13)
volentieri: gerne (48)
la volta: Mal (83)
il volto: Gesicht (129)
vostro: euer (77)
vuoto: leer (128)

Z

lo zaino: Rucksack (31)
la zanzara: Mücke (163)
lo zigomo: Jochbein (130)
lo zingaro: Zigeuner (31)
lo zio: Onkel (52)
zitto: still (222)
lo zucchero: Zucker (48)

Wir über uns

Seit 1984 versuchen wir in unserer Sprachschule **Senzaparole** (Lange Reihe 117, 2000 Hamburg 1, Tel. 040/243739), Italienisch als eine lebendige Sprache zu vermitteln, die zu sprechen ein Vergnügen ist. Dazu nutzen wir ein von uns entwickeltes Unterrichtskonzept, das zwar auf Lehrbücher nicht verzichtet, darüber hinaus aber den Kursteilnehmern aktuelles Textmaterial anbietet und sie in Rollen schlüpfen läßt, die sie spielerisch an den Umgang mit der Sprache heranführen.

Grundlage unserer Anfängerkurse I und II ist das Lehrbuch **Partire per l'Italia**. Für die Mittelstufe I und II sowie für Fortgeschrittenenkurse verwenden wir die ebenfalls von uns erarbeiteten Bücher **Finalmente in Italia, Parole Espresse** (rororo sprachen 8471 und 8434) sowie ausgewählte literarische, essayistische und journalistische Texte. Da wir lange genug selbst «die Schulbank gedrückt» und daher genug haben vom langweiligen Totalunterricht Lehrer gegen Schüler, tun wir alles, um die Teilnehmer zum Reden zu bringen. Ganz einfach. Da wir aber auch wissen, daß eine Fremdsprache am besten vor Ort gelernt wird, bieten wir von März bis Oktober auch Feriensprachkurse in Italien an. Nur dort, so meinen wir, kann der entscheidende Schritt hin zum selbstverständlichen Sprechen mit Italienern gelingen. Dabei bestimmt jeder selbst das Tempo, mit dem er eine neue sprachliche Welt entdeckt. Um ihn aber nicht ganz allein auf Forschungsreise gehen zu lassen, bieten wir im Rahmen unserer Kurse eine Fülle von Einstiegshilfen zu Kultur, Politik und Alltagsleben Italiens.

Spanisch und Italienisch

Ein Sprachkurs von Anfang an. Der Zugang zu Spanien und Lateinamerika.

Christof Kehr / Ana Rodríguez Lebrón
Español Uno *Spanisch reden und verstehen. Ein Grundkurs*
(rororo sachbuch 8793)

Español Uno *Toncassette*
(rororo sachbuch 8794)

Español Dos *Spanisch reden und verstehen. Ein Aufbaukurs*
(rororo sachbuch 8845)

Español Dos *Toncassette*
(rororo sachbuch 8794)

Die Sprachbücher von Senzaparole stützen sich auf die lebendigen Erfahrungen aus dem Sprachunterricht. Anhand von Dialogen, Gesprächen und Erzählungen lernen Sie den italienischen Alltag kennen:

Senzaparole
Partire per l'Italia
Italienischkurs für Anfänger
(rororo sachbuch 8795)

Partire per l'Italia *Toncassette*
(rororo sachbuch 8796)

Finalmente in Italia
Italienischkurs für wenig und weiter Fortgeschrittene
(rororo sachbuch 8471)

Finalmente in Italia *Toncassette*
(rororo sachbuch 8472)

rororo sprachen

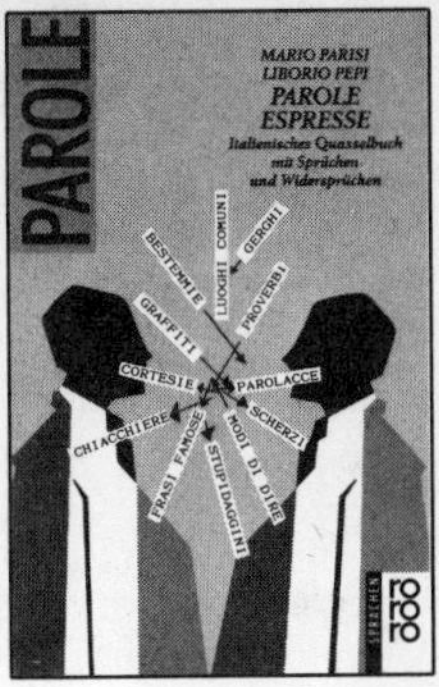

Mario Parisi / Liborio Pepi
Parole Espresse *Italienisches Quasselbuch mit Sprüchen und Widersprüchen*
(rororo sachbuch 8434)

rororo sprachen wird herausgegeben von Ludwig Moos. Das Gesamtverzeichnis der Reihe finden Sie in der *Rowohlt Revue*. Jedes Vierteljahr neu. Kostenlos. In Ihrer Buchhandlung.

Englisch

Englisch von Anfang an. Ein Sprachkurs zur wichtigsten Weltsprache, nach dem Alltag, orientiert am britischen und amerikanischen Sprachgebrauch.

U. Kreisel / P. A. Tabbert
English One *Englisch reden und verstehen. Ein Grundkurs*
(rororo sachbuch 9180)
English One *Toncassette*
(rororo sachbuch 9181)

Gunther Bischoff
Speak you English?
Programmierte Übung zum Verlernen typisch deutscher Englischfehler
(rororo sachbuch 6857)
Better Times *Ein leichtes Programm zum richtigen Gebrauch der englischen Zeiten*
(rororo sachbuch 7987)
Managing Manager English
Gekonnt verhandeln lernen durch Üben an Fallstudien.
(rororo sachbuch 7129)

René Bosewitz / Robert Kleinschroth
Joke by joke to Conversation
Sprechsituationen mit Witz gemeistert
(rororo sachbuch 8797)
Joke your Way through English Grammar *Wichtige Regeln zum Anlachen*
(rororo sachbuch 8527)

Hartmut Breitkreuz /René Bosewitz
Do up your Phrasals *500 Wendungen wichtiger Verben*
(rororo sachbuch 8344)
Getting on Top of Idiomatic Verbs
Tausend Wendungen im Kontext
(rororo sachbuch 8523)

Hartmut Breitkreuz
More False Friends *Tückische Fallen des deutsch-englischen Wortschatzes*
(rororo sachbuch 9172)
False Friends *Stolpersteine des deutsch-englischen Wortschatzes*
(rororo sachbuch 8492)

Ernest Pasakarnis
Grammar Questions from A - Z
Everything you always wanted to know about Grammar but were afraid to ask
(rororo sachbuch 8491)
Master your Idioms *Der Schlüssel zu englischen Redewendungen*
(rororo sachbuch 8491)
The Word Lover^s Guide to How Words Work *Ein moderner Vokabeltrainer*
(rororo sachbuch 8426)
Those Pesky Prepositions! *Der heikle Umgang mit Präpositionen*
(rororo sachbuch 8785)

Emer O'Sullivan / Dietmar Rösler
Modern Talking *Englisches Quasselbuch mit Sprüchen und Widersprüchen*
(rororo sachbuch 8427)

rororo sprachen

3450/1